프로그래머,

수학의 時代

프로그래머, 수학의 時代

지은이 이재현, 이정설 **1판 1쇄 발행일** 2020년 3월 18일 **1판 2쇄 발행일** 2021년 9월 6일
펴낸이 임성춘 **펴낸곳** 로드북 **편집** 장미경 **디자인** 이호용(표지), 박진희(본문)
주소 서울시 동작구 동작대로 11길 96-5 401호
출판 등록 제 25100-2017-000015호(2011년 3월 22일) **전화** 02)874-7883 **팩스** 02)6280-6901
정가 16,000원 **ISBN** 978-89-97924-50-9 93000

이메일 chief@roadbook.co.kr **블로그** www.roadbook.co.kr

사람과 프로그래머 #8
프로그래머의 길을 생각한다

1CO
1010
01

프로그래머,
수학의 時代

이재현, 이정설 지음

RoadBook

프로그래머에게 수학이 필요한가

누구나 수학에 대한 감정 하나쯤은 갖고 있을 것이다. 나는 공부를 그렇게 잘하는 편은 아니었지만, 수학이 그렇게 싫지는 않았던 것으로 기억한다. 아마도 공부를 하면 그만큼 나에게 대학을 가기 위한 점수가 보상으로 주어졌기에 약간의 스릴도 있었던 듯하다. 하지만, 대학에 들어가서 다시 만난 수학은 나를 절망감에 빠뜨렸다. 경제학을 전공한 나는 1학년 때부터 경제수학을 배우며 흥미를 잃었고 정확한 과목명은 기억나지 않지만 금융경제학 수업은 정말 고통에 가까웠던 기억이 있다. 그런데, 지금 이 순간 "프로그래머, 수학의 시대"라는 책의 대문에 쓰일 글을 작성하고 있으니 격세지감마저 느낀다.

프로그래머에게 수학이 필요한가?

프로그래머들에게 감정이입을 해보면 나와 비슷한 느낌이나 경험이 있는 분들이 많을 것이다. 다만, 프로그래머는 아무래도 이과 출신이 많기에 수학에 대한 예방주사를 미리 맞고 전공을 선택했을 것이다. 그러기에 문과 출신보다는 수학에 대해서는 조금이라도 더 친숙한 느낌이 있지 않을까 생각한다. (물론 문과 출신의 프로그래머도 적지 않다.) 그럼에도 많은 프로그래머들이 수학을 잘하고 싶은 마음은 앞서지만 지레 포기하거나, (전공 관련 수학 과목의 필요성을 제대로 느끼지 못하고) 아예 수학을 제쳐버린 독자도 많은 것 또한 사실이다.

나는 지금도 영어를 잘하는 편은 아니지만, 이전 회사에서 어쩔 수 없이 외국인과 커뮤니케이션을 해야 했기 때문에, 몇 년 동안 지치지 않고 새벽마다 학원을 다닌 적이 있었다. 처음 외국인 담당자와의 미팅에서 사실 한마디도 못했다는 사실이 나를 부끄러워 미치게 했고, 그것이 열정 에너지로 변해 매일 꼭두새벽마다 학원을 다닐 수 있었던 원동력이 되어 주었다. 이후 외국인과의 업무상 미팅에서는 불안감은 사라졌고 소통을 통해 원하는 바를 얻을 수 있다는 기쁨은 학습에 대한 열정 에너지를 더욱더 높여주었다.

그리고 공부를 포기하지 않았던 또 다른 이유는 "내가 원어민도 아니고 그렇게 유창할 필요는 없잖아? 내가 원하는 소통을 할 수 있으면 그만이지."라는 가벼운 생각 때문이었다. 필요에 의해서 필요한 만큼 공부할 수 있다는 것이, 나에게 부담감을 줄여주었던 것 같다.

프로그래머에게 수학도 마찬가지 아닐까? 수학 전문가가 될 필요는 없다고 생각한다. 앞서 나의 경험처럼 수학을 못해서 손해를 엄청 보았다거나, 큰 기회를 놓쳤다거나 하는 계기가 필요할 뿐이다. 하지만, 평소에 수학의 필요성을 느끼지 못하며 개발하고 있는 프로그래머들이 이러한 경험을 하기란 쉽지가 않다. 바로 이 책이 기획된 이유가 여기에 있다.

저자들은 수학이 자신들의 삶에 어떻게 무기가 되었는지를 이야기해주고 있다. 이재현 저자는 인문학 전공자로 SI를 거쳐 솔루션 개발자로, 그리고 이제 인공지능 전문가로 끊임없이 도전해왔다. 최근에는 과학 철학 수학까지 아우르는 〈지능의 본질과 구현〉을 집필하기도 하였고 우수학술도서로 선정되기도 하였다. 그 중심에는 바로 '수학'이 있었다. 생물학을 전공한 이정설 저자는 인생에서 가장 중요한 순간으로 수학 공부에 전념했던 대학원 시절을 꼽을 정도로 수학에 대한 애착이 누구보다도 강하다. 이제는 '수학 없는 코딩은 상상할 수 없다'고 이야기한다. 책에서도 자주 언급되지만, 약간의 수학적 지식을 발휘하면 엄청난 시간과 비용을 절약할 수 있는 수많은 사례들이 있다며, 안타까움을 토로하기도 한다.

이 책은 수학의 중요성에 대해 얘기하고 있는 것은 아니다. 수학은 몰라도 되지만, 수학을 알면 더 많은 기회가 생긴다는 것을 얘기하고 더 나은 도전적인 일을 해낼 수 있다는 이야기를 하고 있다.

이 책을 읽으면서 C++ 코드나 파이썬 코드를 만났을 때 그것을 읽지 못한다고 실망하지 말기 바란다. 이 책은 프로그래밍 책이 아니기에 코드를 읽어내는 것보다 저자의 경험을 상상하며 수학이 필요한 순간을 간접적으로 느껴보는 것이 더 중요하다. 그래도 수학 책이나 프로그래밍 책보다는 수식도 없는 편이고 코드도 거의 없어 읽기 편하다는 게 조금은 위안이 된다.

쉽지 않은 주제였고 집필하는 과정에서 여러 피드백에 당황했을 저자분들께 많은 미안함과 고마움을 전한다. 그리고 수학 몰라도 잘 살아가고 있는 독자에게 그렇지 않아도 트렌드 따라가기도 바쁜데 수학이라는 골치 아픈 화두를 던진 건 아닌지 모르겠다. 그러나, 이런 책도 필요하기에 과감하게 세상에 퍼블리싱하는 편집자를 용서하길 바란다.

소개하고픈 저자의 말들을 인용하며 편집자의 대문 글을 마치고자 한다.

"내가 다른 사람보다 똑똑했거나, 혹은 더 뛰어난 인간이라는 증거는 내 삶의 어디에서도 찾아 볼 수는 없다. 다만 난 내 노력으로 '컴퓨터'를 얼었고, 그 너머의 진실을 추구하다가 '수학'을 발견하게 된 것이다. 비즈니스 격언에 이런 말이 있다: '버스에 올바른 사람들을 태울 수만 있다면, 어디로 갈지, 어떻게 갈지는 그 사람들이 알려 줄 것이다.' 나는 내 인생의 버스를 운전하면서, '컴퓨터'와 '수학'을 태웠고, 지금 내 인생은 그들이 일러주는 데로 가고 있는 중이다."

저자 이재현

그런데, 수학은 극단적으로 추상화한 개념들을 대상으로 한 것이기 때문에 현실의 문제를 그렇게 수학적인 것으로 바꾸기 위해서는 이미 수학에 익숙해지는 기간이 필요하다. 바로 이 기간동안은 어렵기만 한 수학 공부가 도대체 어떻게 도움이 될 것인지 가늠이 되지 않고, 그래서 무의미한 것에 시간을 쏟는 것이 아닌가 하는 의구심이 반복적으로 들 수도 있다. 하지만 1년 2년이 지나면서 자신이 공부하고 배우는 것을 자신이 개발하고 해결해야 하는 문제에 적용하려는 노력을 꾸준히 한다면 어느 순간부터 그 필요성을 몸으로 느낄 수 있을 것이다.

저자 이정설

〈프로그래머, 수학의 시대〉 출간을 앞둔 2020년 3월

차례

프로그래머에게 수학이 필요한가 04

1부_수학의 시대 _글쓴이 이재현

1장_개발자 되기 15

나의 소개 16

내가 놓친 것들 20

모든 것은 비워진다 27

운명적인 만남 32

낙오자의 날개, 코딩 37

그리고 개발자가 되기까지 43

아직은 목마르다 51

2장_개발자의 날개, 수학 61

내면의 목소리 62

문과생의 수학 69

한글의 수학 76

하나, 둘, 셋, 그리고 많다 84

직선적으로 생각하면 90

한글 계수 97

3장_인공지능의 시대 109

세상은 만만하지 않다 110

막현호은晦見乎隱 막현호미莫顯乎微 116

암흑 속의 나침반 122

그리고 아무도 없었다 127

2부_수학은 어떻게 무기가 되는가 _글쓴이 이정설

4장_재미있는 수학 이야기 147

수학적으로 0. 차원이 다른 이야기 148

통계적 검정과 p-value 155

5장_알고리즘과 수학 159

모든 부분집합 161

다익스트라 알고리즘 166

상관계수 175

스티릭트 위크 오더링 183

(Strict weak ordering) 183

6장_수학은 내게 어떻게 무기가 되었는가 191

스무딩(Smoothing) 193

3차 다항식 스플라인 곡선 199

혈류 동역학 분석 206

관찰되지 않은 종의 개수를 추정하는 방법
(Unseen species approximation) 215

마무리하며 222

7장_프로그래머가 수학 공부를 어떻게 할 것인가 225

선형대수 228

대수학 232

수치해석학 236

통계, 통계, 통계 239

마무리하며 241

1부

수학의 시대

"여러분 인생의 아주 중요한 순간에 수학이 필요할 것이다."

글쓴이_이재현

프롤로그

子曰道其不行矣夫
자왈도기불행의부
"공자께서 말씀하시길, 도가 행하여지질 않는구나!"
중용中庸

바야흐로 수학의 시대다. 하지만 내가 어렸을 때만 해도 수학을 일상생활에서 사용한다는 것은 상상하기 어려운 일이었다. 그것은 마치 패션쇼에 나오는 기기묘묘한 옷들을 길거리에서 입고 다닌다고 생각하는 것만큼이나 이상했다. 내가 생각하는 수학의 효용은 그저 '사고思考 훈련'용이었을 뿐이다.

한 사람의 소프트웨어 개발자로서 나는 요새 수학에 둘러싸여 살고 있다. 처음부터 그렇지는 않았지만 날이 갈수록 프로그램 개발에서 있어서 수학에 대한 의존도가 높아져 간다. 놀라운 것은 내가 결코 수학을 전공하거나, 수학에 재능을 보이는 사람이 아니라는 것이다. 내가 특별해서가 아니라 시대가, 사회가, 그리고 세월이 이제 수학을 평범한 사람들의 상식으로 만들어 가고 있는 것이다.

물론 수학이라는 고도의 사고체계가 나 같은 범속한 사람의 영역으로 내려오기 위해서는 반드시 거쳐야 하는 단계가 있었다. 그것은 '컴퓨터'였다. 당연한 말이지만 위대한 수학자가 가지고 있는 사고력에 우리 같은 일반인들이 접근하는 것은 어려운 일이다. 그들이 하는 말을 이해하는 것도 어렵지만, 그 이해를 증명하는 일은 더욱더 어려웠기에 기존의 수학은 그저 전문가들의 영역이었을 뿐이다. 하지만 이제 모든 사람들이 한두 가지의 컴퓨터를 일상적으로 소유하고 있는 지금에는 얘기가 다르다. 우리는 컴퓨터 연산을 통해 수학자들의 공식을 이해하고, 증명하고, 응용하고, 활용할 수 있게 되었다. 기술이 진보했고, 사람들의 상식에도 변화가 오기 시작한 것이다.

특히나 인공지능이라는 패러다임paradigm이 소프트웨어 구현의 필수요소가 되고 있는 요즈음은 비교적 고등수학에 속하는 '미적분'에 대한 지식이 없이는 먹고 살기 힘들 거라는 암시마저 주고 있어서, 확실히 시대가 바뀌긴 바뀌었다는 생각이 든다. 이런 시대에 수학을 해야 한다고 서로 격려하고, 스스로를 훈육하는 것은 중요한 일이 되었으므로, 컴퓨터와 수학의 중요성에 대해 이렇게 글을 쓰는 것은 마땅한 일이 되었다.

하지만 그게 왜 나인가라는 물음에 있어서는 한참을 망설여야 했다. 나는 수학을 전공한 사람도 아니고, 컴퓨터를 전공한 사람도 아니고, 심지어 고등학교에서 이과를 선택한 사람도 아니다. 다만 그럼에도 불구하고 컴퓨터를 직업으로 수학을 열심히 공부하는 사람일 뿐인 것이다. 컴퓨터에 대해서라면, 수학에 대해서라면 나보다 더 적당한 사람들은 많을 것이다.

그러나 바야흐로 '모두가 수학에 대해 이야기 해야 하는 시대'에 나 같은 범속한 사람도 한마디 거드는 게 그릇된 일은 아니라는 판단과, 나처럼 태생적으로 수학과 거리가 먼 우둔한 사람이야말로 수학과 유리된 채 일상적인 삶을 영위하고 있는 일반 대중들에게 어떤 느낌을 전달할 수 있을 거라는 주변의 격려가 이 글의 모멘텀momentum이 되었다.

　나는 이 글을 수학책처럼 시작하지 않을 작정이다. 이 글의 시작은 지금으로부터 46년 전으로 거슬러 올라간다.

Sir01

개발자 되기

"나는 내가 어른이 되면 소설가나 시인이 될 것으로 생각했다."

나의 소개

내가 태어나던 무렵에 우리 가족은 흑석동의 비계에 위치한 작은 집에서 살고 있었다. 물론 나는 그 집에서 태어나진 않았고(당연히 병원에서 태어났다), 그 집에 대한 기억도 많지는 않다. 어렴풋이 비탈진 언덕길 위에서 동네 아이들과 놀던 기억이 날 뿐이다. 내가 태어났던 1974년도의 대한민국 살림이라는 것은 '풍족함'과는 거리가 있었다. 어느 곳에서 태어나든 아이들은 늘 즐겁기 때문에 내 유년시절도 극한의 고통 같은 걸 기억에 남겨 놓진 않았지만, 자료를 살펴보면 당시의 대한민국 1인당 GDP는 561.57달러 정도였고, 일본이 4,353달러, 미국이 7,242달러인 것에 비교하면, 그리고 지금의 대한민국이 약 3만달러에 근접해 있는 것을 비교하면, 세계적으로도 못사는 나라 중 하나였다.

못사는 나라들이 지금도 그렇듯이 그 시절에도 수도가 끊기는 일은 흔한 일이었다고 기억된다. 수도가 끊기는 날은 양동이 같은 걸 들고 물이 졸졸졸 나오는 공용 수돗가에 가서 물을 길어다 쓰는 수밖에 없었지만, 어렸을 때 그런 일들조차도 마냥 즐거운 외출이었다. 초등학교에 처음 들어갔을 때, 학교 수보다 아이들의 수가 너무 많아서 오전반, 오후반으로 나눠서 수업을 했고, 그나마 한 반에 70명 이상의 아이들이 6개의 분단을 만들어서 수업을 받았다. 지금 생각하면 끔찍할 정도의 숫자지만, 신기하게도 담임 선생님들은 이튿날이면 아이들의 이름을 다 외웠다. 돌이켜 생각해 보면 그 시대의 최고 엘리트들이 학교 선생님을 하는 게 분명했다.

그렇게 들어간 학교에는 반마다 난로를 피웠다. 지금은 그림자도 찾을 수 없는 '조개탄'이라는 걸 때우는 구조였는데, 선생님이 당번을 정해주면 국민학교(지금의 초등학교) 1학년 되는 아이들이 짝을 지어 양동이를 들고 창고로 조개탄을 받으러 갔다. 늙은 수위 아저씨는 창고 문을 열고 삽으로 조개탄을 양동이 가득 채워 주곤 했다. 지금 내가 키우는 아이가 중학교 1학년인데도 아직 힘든 일을 시켜 본 적이 없다. 그러나 당시는 작은 아이들조차도 '일꾼'으로 한몫 해야 한다는 사회 분위기가 있는 듯했다. 지금도 초등학교 옆을 지날 때면 갓 입학한 아이들은 유치원, 어린이집 애들이나 다름없는 철부지 같은데, 나는 그 나이에 조개탄을 받으러 다니고, 난로를 피우면서도 세상이 즐겁다고 생각했으니, 어리긴 어린 나이였다.

나는 국민학교를 다닐 때, 공부를 썩 잘하는 편이 아니었다. 지금도 매우 그렇지만, 누군가 가르쳐 주는 지식을 습득하는 데에 어려움을 겪었다(반면 혼자 익히는 일엔 약간의 소질이 있었다). 물론 취학 전에 부모님 덕에 한글은 떼고 학교에 들어갔지만, 아직 철이 없어서인지 교과서를 배우고, 시험을 치르고, 좋은 성적을 내는 일에는 별 관심이 없었다. 지금도 매우 그렇지만, 난 그저 세상이 재미있었고, 호기심을 충족하는 일에만 열심이었다.

학교 공부는 신통치 않았다. 다만 남들보다 특이한 점이 있었다면, 책을 열심히 읽었다는 것이다. 뭔가에 꽂힌 아이들이 늘 그렇듯이 또래에게 주어지는 책에는 큰 흥미를 느끼지 못하고, 백과사전 같은 걸 열심히 읽고, 소설책에도 관심이 많았다. 학교 공부와 상관이 없는 지식들에 호기심을 느끼는 나를 보면서 부모님들의 근심이 없지는 않았지만, 그래도 읽고 싶은 책을 구해다 주시는 일을 마다하지는 않으셨던 것으로 기억한다.

　어쨌거나 재능은 그리 없었어도 나는 내가 어른이 되면 소설가나 시인이 될 것으로 생각했다. 아무 글이나 공백에 적어 놓고는 대단한 작품이라도 쓴 것마냥 좋아하던 기억이 난다. 지금 그 글을 본다면 '음, 이 아이는 재능이 없으니 공장에나 취직하는 게 낫겠어요'라는 평가를 줄 만했지만, 확실한 건 많이 읽는 만큼 많은 글을 쓰게 되고, 글을 쓴 만큼의 글 실력은 나왔다는 사실이었다. 그리고 그 글들이 비록 사람들을 감동시키는 소설이나 시가 되지는 못했을지라도, 내 주변의 어떤 누구보다도 기승전결이 있는 글을 쓰는 것이 가능해졌다. 그러니까 내 글은 예술의 수준까지는 이르지 못했지만, 조리 있는 글임에는 분명했고, 그런 글을 쓰는 것조차도 '어렵다'는 평가를 받는 요즘을 생각해 보았을 때, 전문적인 글쓰기 수업을 받은 적도 없는 아이가 스스로 그런 능력을 터득한 것은 대단한 일이라고 생각한다. 그 때 터득한 능력 때문에 지금 이 글도 쓸 수 있다고 생각하면, 성적에 반영되지 않는 '쓸데없는 재주'라고 생각했던 주변 사람들은 틀린 평가를 한 것이다.

　결과적으로 그들이 틀리긴 했지만, 그들이 옳았던 긴 시간의 세월이 있었다. 난 글읽기와 글쓰기에 시간을 투자하느라 학교 성적이 만족스러운 적이 없었다. 정확히 말하자면, 나는 내 성적에 만족했거나 불만이 없었지만, 내 주변 사람들이 그렇지 않았던 것이다. 나에겐 연년생 터울의 형과 동생이 있는데, 그들은 괜찮은 성적과 괜찮은 교우관계를 유지하고 있었던 것에 비해, 나는 특별히 그런 구석이 보이지 않았으므로, 자연스럽게 주변의 근심이 된 것이다. 솔직히 말하자면, 주변이 나에게 거는 기대 같은 것(말하자면, 형이나 동생만큼은 해야 하는 거 아니냐 하는)이 없었다면, 나는 아마도 어느 대학의 문예창작과 같은 곳에 진학해서 가난한 독신의 소설가로 살면서 행복했을 수도 있었을 것이었다.

어쨌거나 나는 주변의 기대를 완전히 저버릴 정도의 용기는 없었으므로, 고등학교 시절처럼 힘을 다해 공부를 한 기간이 있었다. 하지만, 지금 생각해 보면 그건 그저 '하드웍 hard work(일명. 막노동)'이라고 평가할 수는 있어도, 효율적이었다고 볼 수는 없었다. 무조건 외워야 하는 그런 공부 방식들에 흥미를 느끼지도 못했거니와 호기심보다는 기계적인 근면함에 의존해서 삶을 살아야 한다는 것이 어린 시절의 내게는 너무 힘들었다. 정확하게 묘사하자면, 공부를 한 내용 자체가 '너무' 많은 것은 아니었지만, 그 양이 많고 적음을 떠나 그 때의 그 기억은 내에 '너무' 큰 상처를 준 것만큼은 분명했다.

그래서 대학에 진학하고 난 뒤의 내 삶은, 돌이켜 보면, 그 모진 시절에 대한 보상 심리로 가득 찼고, 그 때 받은 상처를 회복하는 데 바쳐진 시간이었다고 생각된다. 나는 대학에 들어간 이후로 군대에 다녀오고 졸업을 할 때까지도 진지하게 책상에 앉아 공부한 적이 거의 없었다(이건 결코 자랑이 아님을 밝힌다). 아마도 매우 의도적이었다. 나는 세상이 나에게 요구하는 것들에 대한 이유 없는 반항을 했던 것이다.

내가 놓친 것들

1974년부터 2002년까지의 간략한 내 개인사 속에서 우리는 특정 시기에 대한민국에서 태어난 어떤 젊은이의 평범한 삶과 고뇌와 좌절 같은 걸 읽을 수는 있어도, 세계의(혹은 대한민국의) 다른 곳에서 일어나고 있던 매우 중요한 일들에 대한 힌트는 전혀 얻을 수 없었을 것이다. 그만큼 나의 인생은 그런 일들에 대한 자각도, 영향도 없었다. 책을 약간 읽었다고는 하지만, 정작 책에 없는 중요한 변화들은 놓치고 있었다.

우선 내가 흑석동 비계에서 막 생명으로서의 자각을 시작했던 1974년엔 미국에서 최초의 개인용 컴퓨터인 알테어Altaire 8800이 탄생했다. 8비트 마이크로 프로세서가 장착된 이 기계를 시작으로 애플이나 아타리Atari 제품들이 나오기 시작했다. 이 시절 대한민국엔 컴퓨터는커녕 TV도 집집마다 들여 놓지 못했고, 가전제품 자체가 매우 귀하던 시절이었다. 어쩌면 생필품을 구하는 것도 힘들었던 시절인데, 미국에선 개인용 컴퓨터가 나오고 있었던 것이다.

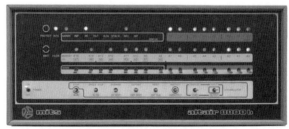

알테어 8800b 컴퓨터 (출처: 위키피디어)

내가 난로를 때려고 조개탄을 들고 창고와 교실을 들락거리고 있었던 1980년대 초반엔 더 중요한 일들이 일어났다. 관공서나 대기업을 위한 시스템을 개발하던 IBM에서 개인용 컴퓨터를 내놓기 시작했고, 이 작은 시스템을 관리할 작은 운영체제로 훗날의 거대기업 MS의 초기 밥줄인 MS-DOS를 사용하기 시작한 것이다. 1984년엔 스티브 잡스Steve Jobs가 맥킨토시MacIntosh를 출시하였고, 지금의 주류인 엑셀Excel과 같은 오피스Office 프로그램을 빌 게이츠Bill Gates에게 만들도록 하여, 그래픽 인터페이스로 지원하기 시작했다.

(내가 사실상 철모르던 어린 시절에 잡스와 게이츠가 치열하게 사업을 벌이고 있었다는 사실이 가끔은 못내 분하다. 적어도 내가 캘리포니아 근처에서 초등학교를 다니고 있었다면, 그들의 영향을 받지 않을래야 않을 수 없었을 것이다. 난 세계 사람들이 어디에 붙어 있는지도 잘 모르는 코리아Korea라는 나라의 가난한 집안의 꾀죄죄한 초딩이었다. 당시에는 컴퓨터의 '컴'자도 들어 본 적이 없었다)

지금 내 책상에는 iMac 한 대가 놓여 있고, 나는 최근도 오피스 작업으로 '엑셀'을 쓰고 있다. 애플2 이후로 맥Mac은 애플의 대표 상품이 되었고, 최초의 그래픽기반GUI 컴퓨터로 자리매김했다. 스티브 잡스는 죽기 직전까지도 MS의 윈도우즈가 Mac을 그대로 카피한 제품이라고 생각했다. 하지만 그 카피본이 엑셀을 위시한 오피스 제품을 앞세워 저가 시장을 공략했고, 빌 게이츠의 마이크로소프트는 한때 전세계 PC의 90%에 육박하는 운영체제 시장 장악률을 자랑하게 되었다. 그 실적을 바탕으로 유일무이한 거대기업으로 성장했음은 물론이다. 인터넷 시대와 모바일 시대를 맞아 그 영향력이 점차 하락을 맞기까지 MS는 그야말로 컴퓨터 계의 빅브라더였다. 어쨌거나 애플과 MS의 두 거장이 가장 혈기 좋은 시절에 사업을 성장시키기 위해 역사에 남을 거래를 하는 동안 나는 서울의 구석진 국민학교에서 조개탄을 나르고 있었던 것이다.

내가 중학교 2학년인 1988년에 대한민국 서울에서는 올림픽이 개최되었는데, 이 즈음에는 그나마 대한민국에 조금씩 부가 축적되는 시기였고, 70년대와 80년대에 걸친 경제 개발이 나름 성과가 있어서였는지, 먹고 살 걱정이 덜한 중산층들이 많이 생겼고, 그래서 집집마다 컴퓨터를 들여 놓는 것이 그리 낯선 풍경은 아니었다. 아마 DOS나 MSX기반의 PC, 혹은 잘 사는 집은 맥킨토시 같은 것을 들여 놓았을 것이다.

지금 젊은이들은 잘 모르는 PC통신이라는 개념이 조금씩 나타나던 시기이기도 했는데, 단말기 기능을 하는 컴퓨터를 사서 전화선과 모뎀을 이용해(모뎀MOdulator and DEModulator'이라는 말이 유행하기 시작했다) 많은 사람들과 텍스트 기반의 대화를 할 수 있는 시스템이었다. 이 시기의 컴퓨터들은 아직 시스템으로서의 기능보다는 서버에 접속해서 작업을 하는 '단말기terminal'에 불과했었다. 메모리를 16비트씩 처리하는 80286프로세서가 이미 1982년에 나왔지만, 그것들이 한국에 보급되기는 힘들었다. 한국은 아직 전자제품의 테스트베드 시장이 아니라, 한차례 유행이 지나간 다음에 가격이 떨어지면 구매를 하는 '보급형 시장' 단계였기 때문이었다. 게다가 이 당시의 부모님들은 '컴퓨터'에 대한 지식이 거의 없어서, 이 기계를 그저 비싼 게임기 정도로 인식했을 수도 있다(실제로 컴퓨터가 있는 집에선 그걸 차지한 아이들이 주구

장창 게임만 하기도 했다. 중학생들이 컴퓨터로 게임 말고 뭘 하겠는가?).

내가 고등학교 2학년인 1991년에 핀란드에서는 중요한 일이 일어났다. 한국에서 내가 대체 왜 공부를 하며 살아야 하는지, 학교 시험문제는 왜 그리 어려운 건지, 왜 시험만 보고 나면 아버지의 불호령 때문에 숨죽여 살아야 하는지 같은 걸 고민하면서 우울한 나날을 보내고 있을 때, 1학년을 마치고 군대에 다녀 온 뒤 복학한 헬싱키 대학교 2학년 학생인 리누스 토발즈 (Linus Torvalds)는 '미닉스(Minix)'라는 운영체제를 개량해서 '리누스의 미닉스'의 약자인 '리눅스(Linux)'를 개발해 발표했다. 이 시기에 토발즈가 가지고 있던 최신 컴퓨터는 이미 80386이었다. 80386은 85년도에 출시된 32비트 프로세서인데, 군대에 다녀 온 토발즈는 이 신종 프로세서를 사용하기 위해 자기만의 운영체제를 얹은 것이다.

토발즈는 어릴 때부터 컴퓨터를 가지고 놀았다고 한다. 우선 외할아버지가 통계학자였는데 당시 '코모도어 VIC-20'이라는 8비트 컴퓨터를 사용하고 있었고, 어린 리누스는 다행히 여기에 흥미를 느껴서, 학창 시절 내내 컴퓨터를 갖고 놀았다고 한다(사실인지는 알 수 없으나, 하루에 밥만 두끼 먹이면 손 갈 일이 없는 아이라 키우기가 너무 쉬웠다는 어머니의 증언이 전해온다). 이 이야기는 왠지 마이크로 소프트의 빌 게이츠의 이야기와도 겹친다. 어린 시절의 빌 게이츠도 학교 공부보다는 컴퓨터에 흥미를 느껴 코드를 짜느라 늘 밤을 지샜다는 일화가 있다. 어쨌거나 뭔가 될성부른 사람들은 떡잎부터 다르기 때문에, 리누스 토발즈가 대학교 2학년때 이미 운영체제를 개발했다고 해서 놀랄 일은 아니다. 초등/중등/고등학교 시절 내내 코딩을 했다면, 대학

시절엔 이미 10년 차가 넘는 매우 고급 스킬의 개발자이기 때문이다(그러나 누구나 10년 개발했다고 다 운영체제를 개발하는 건 아니다).

이 시기에 일어난 주요한 사건이 하나가 더 있다. 스위스의 '선CERN'에서 근무하던 팀 버너스 리Tim Berners Lee라는 분은 세계 최초의 웹사이트를 CERN에 오픈했다. 이 웹사이트의 주소는 'http://info.cern.ch/'이고 아직도 존재한다. 아마도 이 웹사이트를 만들고 공개한 사람들은 이 기술이 몇년 후에 세계의 IT 산업계를 완전히 뒤바꾸리라고 생각하지는 못했을 것이다.

팀버너스리(출처: 위키피디어)

'인터넷Internet'이라는 개념은 1960년대에 미국의 아르파넷ARPANET에서 시작했다는 것을 정설로 본다. 인터넷은 개별 시스템과 시스템이 정보를 주고받는 일에 필요한 프로토콜protocol을 의미하는 데, 원래는 시스템과 시스템이 통신하려면 통신선을 직접 연결하는 것이 가장 좋은 방법이었다. 전세계에 시스템이 몇 개 되지 않을 때에나 가능한 그 방법으로는 폭증하는 시스템들을 감당하는 건 불가능했고, 그 대안으로 모든 시스템이 연결된 망net의 개념을 도입하게 된 것이다. 하지만, 동시다발적으로 모든 컴퓨터가 다른 모든 컴퓨터와 소통하는 방법을 도입하기 위해서는 시스템이 달라도 주고받는 정보는 일정하게 유지하도록 '소켓socket'과 '패킷packet'에 대한 개념을 통일해야 했고, 아울러 그런 패킷들이 지나다닐 수 있는 '공용망network'이 필요했다. 가령, 중간에 패킷 중개소 같은(지금의 ISP같은) 것들이 있고, 각 시스템들이 그 중개소에 연결될 수 있으면, 시스템은 그 중개소에 물려 있는 다른 모든 시스템과 정보를 주고 받을 수 있게 되는 것이다. 이에 대한 표준규격인(지금도 사용하는) TCP/IP가 등장한 건 1973년이고, 이를 이용한 한국 최초의 통신은 '서울대학교'와 '한국전자통신연구원(ETRI) 구미 전자기술연구소'간의 1982년 통신이며, 전길남 박사가 주도한 이 한국 최초의 통신은 미국에 이어 세계 두번째 인터넷 통신으로 기록되어 있다(이러한 공로를 인정받아 전길남 박사는 세계 인터넷 명예의 전당에 입성한 유일한 한국인이 되었다).

　　TCP/IP가 소켓과 패킷에 관한 규약이라면, 우리가 아는 인터넷, 즉, 월드 와이드 웹(WWW: World Wide Web)이라는 것은 그 소켓과 패킷을 이용해서 주고 받는 데이터를 일정한 방식으로 통일한 것이라고 할 수 있다. html이라는 태그를 쓴 문서를 주고 받는다든가, 서버의 데이터를 조작한다든가, 하이퍼링크hyperlink같은 기능을 쓴다든가 하는 개념은 인터넷을 대중화할 수 있는 초석을 만들었고, 이에 대한 규약을 정한 팀 버너스 리는 사실상 인터넷의 창시자로 대우받고 있다. 이 분의 노력으로 지금 수많은 개발자, 디자이너, 그리고 퍼블리셔publisher들이 밥을 먹고 사는 것이다.

여하튼 이런 일들이 내가 멋도 모르고 인생에 대한 고민을 갖고 살던 1991년 고등학교 시절에 일어났던 것이다. 이런 혁신적인 기술적 발전에도 불구하고 한국의 대중들에게 '컴퓨터'나 '인터넷'같은 개념은 아직은 낯설었고, 1993년 내가 대학에 입학했을 때, 컴퓨터를 이용해 '수강신청'을 하는 것은 군대를 다녀 온 '복학생'들에게는 매우 어려운 일에 속했다. 그 때 '한글'과 같은 그래픽 기반의 워드프로세서가 플로피 디스크floppy disk에 담긴 소프트웨어로 출시되었는데, 그 프로그램을 쓸 수 있는 것만으로도 '컴퓨터에 익숙한 신세대'라는 말을 들었다. 대학에 들어가서 처음 산 컴퓨터는 286 컴퓨터였는데, 나는 그 컴퓨터로 리포트를 작성하고, 프린터를 이용해 출력하는 작업 등을 했다.

모든 것은 비워진다

나는 1993년 12월 23일에 병역의 의무를 이행하기 위해 논산 훈련소에 입소했다. 아직도 입소 첫 날, 창 밖으로 보이던 북두칠성의 그 찬란한 빛을 잊지 못한다. 아, 우주는 광활하고 넓은데, 나는 왜 하필이면 이 좁은 한반도에서 태어나 이 고생을 해야 하는가…라는 생각도 잠시, 곧 코를 골며 잠들었다. PT 체조, 사격 훈련, 화생방, 행군…군대에서 많이 맞는다는 말을 들었지만, 당시에도 훈련병을 때리는 장병은 없었던 것으로 기억된다. 집에서 엄한 아버지 밑에서 여기저기 맞고 자란 나에게 군대는 생각보다는 살만한 장소였고, 그다지 난이도가 높지 않은 몇 가지 훈련 규칙만 잘 지키면(그리고 사고만 안 치면), 특별히 나쁠 것 없는 곳이었다. 음, 생각해 보면, 12월~2월에 걸친 훈련기간 동안 추위 때문에 약간 고생했다는 말은 할 수 있을 것 같다.

내가 군대생활을 편하게 생각한다는 사실을 알았는지, 대한민국 국방부는 논산에서의 훈련이 끝난 뒤 나를 특전사에 배치했다. 지금도 그렇겠지만 특전사에 배치된 모든 장병들(고위 장교도 예외가 없다)은 경기도 광주에 위치한 교육단에서 4주간의 기초 공수훈련을 받아야 한다. 새벽에 군용버스를 타고 처음 도착한 교육단에서 우리들 햇병아리 이등병을 맞아 준 것은 '안 되면 되게 하라', '사나이 태어나서 한 번 죽지 두 번 죽나'라는 표어였다. 태어나서 한 번도 '안 되는 걸 되게' 한 적도 없고, 무언가에 '목숨을 바친다'는 생각을 해 본 적도 없는 나에게 그 표어들은 공포 그 자체였다. 난 내가 모르는 완전히 새로운 세계에 진입한 듯한 기분을 느꼈다.

하지만 교육단 막사에 들어갔을 때의 느낌은 표어와는 달리 아늑하고 따뜻했다(시설이나 분위기 면에서 논산과는 차원이 달랐다). 우리를 교육해 주는 교관들은 특전사의 정예 부사관들이었고, 특수전 훈련의 전문가들이었으며, 매우 듬직하고 믿음직한 피지컬 트레이너physical trainer들이었다. 아직도 기억나는 게, 나는 당시에 논산에서 군화독이 올라 발뒤꿈치에 감염증상이 있었는데, 맞은편 막사에 있던 부사관 몇 명이 찾아 와서, 맥가이버 칼을 라이터로 달군 뒤, 피고름을 말끔히 긁어 내 주었다. 군기가 바짝 들어서 아픈 티도 못 내고 있던 나는 그들이 너무나 고마웠고, 그 뒤로 상처는 말끔히 나았고, 다시는 재발하지 않았다.

'특수전'은 전방에서 군대와 군대가 치열하게 싸우는 '정규전'이 아닌, 후방에 비밀리에 침투하여 적진교란, 요인암살, 심리전 등을 수행하는 '비정규전'을 의미한다. 특수전 여단은 7, 8명의 팀제로 운영이 되는데, 각 팀원들은 통신, 수송, 폭파 등의 특수전 임무를 수행하는 전문가로 구성되고, 그런 분야 중에는 '의료'도 있어서, 작전 수행 중 다친 팀원에 대한 응급 처치를 하는 훈련을 따로 받는다. 봉와직염은 훈련 중 자주 나타나는 질환이라 그들은 그런 치료쯤은 간단히 해 낼 수 있는 것이다.

따뜻한 인적자원들에 비해 훈련은 혹독한 편이다(아마 훈련이 혹독하니까 일상 생활은 따뜻할 수 있다고 생각된다). 하지만 거기에 모인 병아리 이등병들은 인생에서 가장 튼튼하고 에너지가 충만한 시기라서 훈련을 견지지 못하는 사람은 거의 없다(논산에서 아무나 뽑아서 보내는 것도 아니다). 나도 체력에 있어서 자기 확신이 강한 편은 아니었지만, 5km, 3km를 번갈아 뛰는 아침 산악 구보를 제외하면 '너무 힘들었다'고 생각한 훈련은 없었다는 기억이다. 훈련 은 1회를 버틸 수만 있다면 그 다음부터는 그다지 힘들지 않다. 체력도 같 이 늘기 때문이다. 동일한 훈련을 3주 내내 받고, 마지막 4주째에 낙하산을 타게 된다.

4회의 기본강하(비행기, 헬기, 기구 등에서 낙하산을 매고 뛰어 내린다)를 마치 고 나면 자대배치를 받게 된다. 나는 특수전 사령부에 배치되어 주로 행정 업무를 맡게 되었다. 당시에 행정병들이 공용으로 쓰던 컴퓨터는 286계열 이었던 것으로 기억되고, 다만 특이한 것은 대학 때 학생들 사이에서 유행 하던 '한글과 컴퓨터'의 '아래아 한글'이 아니라 '하나 워드'라는 워드프로세 서를 쓰고 있었다는 것이다.

하나 워드는 도스 환경에서 워드 작업을 할 수 있는 명령어 기반(CUI) 의 워드 프로세서였다. 지금으로 따지면 리눅스 환경에서 즐겨 쓰는 vi 에 디터 같았다고나 할까? 자료를 찾아보니 개발사는 '금성소프트웨어주식회 사(현, LG디스플레이)'이고, 1988년에 개발된 제품이다. 주로 관공서와 군대 등에 보급되었다고 하는데, 아마도 성능이 그다지 뛰어나지 않은 컴퓨터에 서도 잘 돌아가는 것이 장점인 듯했다. 모든 것을 명령어 기반으로 처리했 기 때문에, 단축키를 잘 외우는 사람이 문서를 빠르게 작성할 수 있었고, 행 정병들 사이에서는 같은 문서를 빠르게 출력하는 사람을 인정하는 분위기 였다. 나는 타자를 양손으로 능숙하게 칠 수 있다는 이유만으로 문서병이 되었고, 문서를 다 작성하고 나면, 구식의 '도트 프린터'를 이용해 문서를 출력했다. 아직도 'ctrl + P'를 누르면, '덜컥'하며 시동이 걸리는 프린터와, '찌 ~~~~~~익', '찌~~~~~~익'하면서 라인 단위로 출력되던 시끄러운 소리를 잊지 못한다. 어쨌거나 하나워드는 그래픽적인 촌스러움을 극복하지 못하고, 내가 제대할 때쯤에는 '아래아 한글'에 밀려 사라지는 추세가 되었다.

군대를 제대하고 나서 학교에 복학을 했지만, 공부에는 큰 흥미가 없었고, 연극 동아리에서 연극에 몰두하며 몇 년을 보냈다. 당시에도 대학교에서는 '데모'를 간간히 하는 편이었고(80년대처럼 자주 하지는 않았지만), 특히 1996년 8월에는 다니던 대학에 경찰이 집중적으로 투입되어 데모를 진압하는 큰 일이 있었는데, 헬기까지 동원된 대규모 작전이었고, 이로 인해 많은 학생들이 연행되었다. 이를 계기로 이 사태를 풍자한 '하우스키핑 housekeeping'이라는 연극의 극본을 쓰고, 연출과 연기를 했던 일이 기억에 남는다. 지금도 내 서재 한 구석에는 이 시절의 공연 포스터가 남아 있는데, 지금 보면 그 만듦새의 조악함에 경악을 금치 못한다.

그리고 그 다음 해(1997년)에 내 인생의 전반기를 영원히 찢어 놓는 아주 중요한 사건이 대한민국에 일어나는데, 그건 'IMF 사태'라고 한다. IMF 사태란 국가에 빚을 갚을 외환이 없어서 IMF(International Monetary Fund)에 돈을 꿔달라고 요청한 외교적인 절차인데, 돈을 꾸는 일이 늘 그렇지만, 그렇게 간단하지만은 않다. 지금의 중국처럼 국가주도로 산업을 키워내는 시대에 살고 있던 우리는 커지는 양적 부피에 비해 내실이 그다지 튼튼하지 못해서 누구나 작은 기둥 하나만 툭 쳐내면 온 건물이 와르르 무너지는 허약한 집을 짓고 있었던 것이다. 그래서 돈을 꿔주는 IMF 측에서는 돈을 갚을 수 있는 상황을 담보하기 위해 돈을 빌려가는 정부에 대해 '이래라 저래라'를 요구하게 되는데, 당장 돈이 급한 정부는 그 요구를 대부분 수용할 수밖에 없었고, 그 결과로 많은 기업과 많은 은행들이 파산이나 부도에 직면하게 되었다. 이 위기를 가장 극적으로 드러낸 것이 바로 대우의 몰락이었다. 당시 '탱크주의' 운운하며 세계 시장에 저돌적으로 돌진하던 대기업 대우가 무너지자 나라 전체가 뒤숭숭해졌다. 사람들은 이러다가 나라도 망할 수 있겠다는 생각을 하게 되었다.

특히 졸업을 앞둔 대학생들에게는 감당하기 어려운 소식의 연속이었다. 대기업과 은행을 비롯한 수많은 기업들이 무너지고, 그에 따라 일자리가 계속 줄어들다 보니 '취업 경쟁'이라는 게 치열해졌고, 대기업에 취직하기 위한 소위 '취업 스펙spec'이 중요한 이슈로 떠올랐고, 그 취업 스펙을 쌓기 위해 학생들은 '도서관'에 들어가기 시작했다. 지금 생각해 보면, 학생들을 '길거리'가 아니라 '도서관'으로 유도한 것이 잘 된 일인지, 그 반대인지 잘 모르겠다. 하지만, 당시만 해도 학생들이 도서관에 간다는 것은 '데모'로 상징되는 '공적 인생'을 살던 젊은이들이 이제 생존을 위해 '사적 경쟁'의 분야에 자발적으로 진입한다는 의미였고, 이건 한국 사회에 그다지 익숙한 풍경은 아니었다. 여하튼 지금까지 이어지는 이런 '스펙 경쟁'의 효시는 바로 IMF 사태라는 점에서 우리는 여전히 IMF 체제에 살고 있다고 해도 별 무리는 없을 것이다.

운명적인 만남

내가 군대에서 하나 워드로 궤도선을 이용해 결제박스를 만들고 있던 1995년에 바다 건너 미국에서는 '시카고Chicago'라고 이름붙인 소프트웨어 프로젝트가 하나 완성이 되었는데, 출시되었을 때의 제품명은 '윈도우즈95'였다.

'마이크로소프트(MS)'라는 회사의 제품이 늘 좋은 건 아니었지만, 초창기 운영체제는 더 그랬다. 처음 '윈도우Windows'라는 운영체제를 내었을 때만 해도, 맥킨토시를 출시한 스티브 잡스에게 '카피캣copycat'이라며 엄청나게 비난을 받았다. 그래픽 인터페이스(GUI)를 표방했지만, DOS 기반이었기 때문에 성능에도 한계가 있었고, 메모리 기술도 매우 빠르게 발전하던 시기라 안정성에도 문제가 있었을 것이다. 여하튼 MS에서 내놓은 윈도우즈 초기작들은 그리 좋은 평가를 받지 못했고, 아마도 맥킨토시에 비해 열등하다고 여겨졌을 것이다.

Windows 95 구동 화면(출처: 위키피디어)

하지만 그건 소비자 관점에서 본 것이고, 운영체제와 그 시장에 대한 빌 게이츠와 MS 개발자들의 통찰과 비전은 확고하고 원대했다. 그들은 끊임없이 개선하고 개량하여 마침내 윈도우즈95를 시장에 출시했고, 이 때를 기점으로 윈도우즈라는 운영체제는 말 그대로 세계를 '정복'하게 되었다. 맥킨토시가 성능 좋은 고급 상품에 위치하고, 유닉스가 여전히 CUI 기반의 전문가용 컴퓨터를 지향할 때, 90%의 일반 소비자 시장은 빌 게이츠가 가져갔던 것이다.

단지 프로그램의 뛰어난 성능만 그 시장성에 영향을 준 것은 물론 아니었다. 관건은 전략이었다. 기기와 운영체제의 일체를 바랐던 스티브 잡스의 정책은, OS의 라이선스만 팔아도 된다는 빌 게이츠보다 시장 친화적이지 못했다. 빌 게이츠는 컴퓨터를 파는 대신 운영체제라는 소프트웨어를 팔았고, 컴퓨터 제조사들에게 파는 라이선스보다 훨씬 더 많은 카피본들이 야매(?) 시장에서 싼값에 거래되거나 공유되었지만, 그건 결과적으로 윈도우즈의 시장 점유율을 높여주는 결과를 낳았다. 윈도우즈 본사에서 그런 야매 거래를 묵시적으로 허용했는지의 여부에 대해선 우리 같은 소비자들이 알 길이 없지만, 유료건 무료건 윈도우즈를 쓰는 사람들은 스스로 윈도우즈의 노예가 되는 길을 걸었던 것만은 사실이다. 이 글을 쓰는 지금도 데스크톱을 쓰는 사람들의 대부분은 윈도우즈만 쓰고 있고, 그 외의 운영체제에 대해선 거의 알지 못한다.

내가 대학교에 입학했을 때, 학과 동아리 방에 있던 공용 컴퓨터의 운영체제는 DOS였고, CUI 기반이었다. 하지만 1996년에 제대하고 복학했을 때, 새로 생긴 '컴퓨터실'의 메인 운영체제는 윈도우즈였던 것으로 기억된다. 난 윈도우즈를 통해 당시 막 유행하기 시작하던 넷스케이프 브라우저를 이용해서 여러 가지를 검색하면서 신기해 했다. 사람들은 이제 워드프로세서를 플로피 디스크에 담아 다니지 않고, 단지 작성한 콘텐츠만 들고 다녔는데, 누군가 윈도우즈에 한글 워드를 이미 설치해 놓았기 때문이었다.

윈도우즈가 유행하면 할수록 사람들은 그 윈도우즈에 미리 깔려 있는 소프트웨어에도 관심을 가졌다. 메모장이라든가, 그림판이라든가, 지뢰찾기 게임이라든가, 인터넷 익스플로러 등, 운영체제 자체도 그렇지만, 함께 동봉되어 온 그런 소프트웨어가 주는 이익도 만만치 않았다.

사람들은 처음엔 그야말로 운영체제를 썼다. 운영체제는 메모리를 관리해 주고, 사용자 세션을 만들어 주고, API를 작성하면 알아서 시스템 콜system call을 해 주었다. 사람들은 OS를 이용해서 기계장치에 대한 골치 아픈 지식에서 벗어나 좀 더 추상적인 사고를 할 수 있게 되었다. 윈도우즈 같은 사용자 친화적인 컴퓨팅 환경을 개발하지 않았더라면 컴퓨터는 여전히 전문가들의 도구에 머물러 있었을 것이다. 컴퓨터에 대한 전문적인 지식이 없는 사람일지라도 컴퓨터를 사용할 수 있도록 하는 것이 당시 운영체제의 존재 이유였고, MS는 그러한 시대적 사명을 충실히 이행했다. 그리고 그 대가로 세상은 MS에게 모든 것을 주었다.

그러나 어느덧 운영체제는 너무나 익숙한 것이 되었고, 당연한 것이 되었고, 그냥 컴퓨터와 동의어가 되었다. 그래서 소비자들은 내가 '윈도우즈를 쓴다'는 개념을 더 이상 매력적으로 생각하지 않았다. 주변 모든 사람들이 윈도우즈를 쓰고 있었기 때문이었다. 대신 그들은 윈도우즈에서 실행되는 많은 '애플리케이션application', 즉, 응용 프로그램에 더 관심을 갖게 되었다.

원래 마이크로소프트는 '엑셀excel'이라는 스프레드시트spreadsheet를 맥킨토시 용으로 개발했고, 이를 1985년에 발표했다. 스프레드시트의 역사는 비지칼크VisiCalc로 거슬러 올라가는데, 스티브 잡스의 애플2는 이 비지칼크 덕분에 비싼 개인용 장난감에서 사무용 보조기기로 거듭났고, 판매는 10배 이상 증가했다. 가로, 세로 격자 안에 데이터를 넣고, 자동으로 계산을 해 준다는 스프레드시트라는 개념은 비지칼크가 원형을 잡은 것으로 보아도 좋을 것이다.

애플2에서도 그렇지만 맥킨토시에서도 이 프로그램은 중요하다고 생각했는지 스티브 잡스는 마이크로소프트의 빌 게이츠에게 맥용 스프레드시트의 개발을 맡긴다. 빌 게이츠는 MS-DOS 에서 유행하던 '로터스1-2-3'을 능가하는 '엑셀'이라는 스프레드시트를 개발해 애플에 공급했고, 이렇게 쌓은 기술을 바탕으로 1987년에 최초의 윈도우즈용 엑셀을 발표했다. 애플에게도 그렇지만 마이크로소프트에게도 이 엑셀은 중요한 프로그램이었던 것이, 엑셀이야말로 사람들이 운영체제를 소비하는 이유였기 때문이었다. 나중에 윈도우즈냐 리눅스냐의 운영체제 논쟁이 불붙었을 때도 사람들은 엑셀 때문에 윈도우즈를 포기할 수 없다는 데에 의견을 같이했다. 운영체제가 소프트웨어를 결정하는 것이 아니라 소프트웨어가 운영체제를 결정하는 단계까지 가버린 것이다.

엑셀의 큰 인기는 1999년의 대한민국에서도 마찬가지였다. 지금은 그렇지 않지만, 당시의 구인광고란에는 '엑셀 가능자'를 찾는다는 것이 거의 고정 문구였다. 하지만 졸업 후 무위도식하며 취직자리를 알아 보고 있던 '워드 가능자'인 나에게 '엑셀'은 불가사의한 단어였다. '엑셀'? 신종 자격증인가?

나는 대기업이나 공무원 시험에 관심이 없는 대졸자들이 자주 그렇듯이 '영어 강사'라는 직업을 택하게 되었다. 어차피 '영어'는 늘 중요할 것이고, 그렇게 중요한 영어를 공부하면서 생활비를 벌 수 있는 곳은 '영어 학원'이었다. 노트북 하나를 들고 학원에 출강하면서 나는 학생들의 성적 처리를 위해 '엑셀'이라는 프로그램을 처음 구동해 보았다.

그리고 그 마법의 골짜기에서 내 인생은 영원히 변하게 되었다. 그것은 마치 갑자기 찾아 온 IMF와도 같았다. 존재도 모르던 어떤 것이 내 온 마음과 육체를 앗아가 버렸다. 그리고 그 뒤로의 나는 완전히 새로운 사람이 되었다. 그건 종교체험이나 다를 바가 없었다.

낙오자의 날개, 코딩

나는 소설가를 꿈꾸던 문학 소년이었고, 생활비를 위해 학원에서 일하지만 언젠가는 연극을 하는 사람이 될 수도 있다고 생각했다. 졸업하던 당시에 '인터넷 붐'이 일어서 사회가 격변의 시기를 겪었지만, 내가 평생 컴퓨터라는 기계와 인생을 보낼 것이란 상상은 하지 못했다. 친한 선후배 중에는 컴퓨터를 전공하고, 그 계통의 일을 하는 사람이 있었지만, 그건 그들만의 이야기이고, 그들만의 인생이라고 생각했다. '열쇠 고치는 일'이 아무리 중요해도 열쇠공은 열쇠공일 뿐, 나와는 상관없는 것이고, 나는 컴퓨터 기술을 그냥 열쇠공의 기술과 다를 바가 없다고 믿었던 것이다.

그렇게 무언가를 외면하는 사람의 눈에는 아무것도 보이지 않는다. IMF 이후에 정부는 한국 경제를 살리기 위해 '벤처열풍', '닷컴버블'같은 현상을 주도했다. 미국의 나스닥을 벤치마킹 한 '코스닥' 시장이 생겨났고, 많은 IT 기업들의 주식이 코스닥 시장에서 거래되고, '테헤란로'를 중심으로 신생 벤처기업들의 성공신화가 떠들썩하게 회자되는 시기가 있었다. 물론 이 때 소위 '성공'을 구가하던 대부분의 회사들이 역사 속으로 사라지고 '벤처기업'이란 말은 긍정적이기보다는 '헛탕을 꿈꾸는 허황된 시도'라는 의미를 가지게 되었지만, 이 시끌벅적한 쇼 때문에 대한민국은 'IT', '인터넷'같은 단어에 익숙해졌다. 하지만 이런 열병에도 불구하고, 나 같은 '문과' 지향적인 사람들은 아무것도 배우거나 느끼지 못했다.

물론 '닷컴버블'이 일반 사람들에게 '기술'에 대한 진지한 성찰이나 감각을 높였느냐의 질문에는 회의적일 수밖에 없다. 사람들은 예나 지금이나 기술 주변에서 오가는 '돈'의 액수에만 관심이 많은 편이다. 최근의 '블록체인' 열풍과도 비슷한 양상인데, 사람들은 투자가치가 있다고 생각하면 이도 저도 따지지 않고 투자를 한다. 돈이 많지만 마땅한 투자처를 찾지 못하는 사람들이나, 반대로 돈이 없어서 적은 자본을 크게 뻥튀기하고 싶은 사람이나, 혹은 한 푼 두 푼 모은 돈으로 풍족한 노후를 준비하고 싶은 월급쟁이들까지 모든 사람들이 유행하는 기술에 투자를 한다. 하지만 유행은 지나고, 사람들은 돈을 잃고, 그리고 아무 것도 나아지는 것은 없다. 기술주에 오래 투자했다고 투자자가 기술인이 되는 법은 없는 것이다.

2002년, 대전에 있는 학원에서 노트북을 펼치고 엑셀을 만지작거리고 있던 당시의 나는 '낙오자'였다. 내가 스스로를 낙오자라고 생각하며 산 적은 없었지만, 20대의 끄트머리에서 지난 30년을 회고하는 심정은 우울할 수밖에 없었다. 돌이켜 보면 나는 세상이 이끄는 대로만 살아왔다. 초, 중, 고등학교를 다니면서 10대를 다 보냈고, 대학교를 가고, 군대를 가고, 제대하고, 대학을 졸업하니 20대도 그냥 훌쩍 가버렸다. 그리고 아무런 방향을 잡지 못하고 지방의 조그만 학원에서 아이들에게 영어를 가르치고 있었던 것이다. 물론 학생들에게 영어를 가르치는 일은 소중하고 좋은 일이었지만, 그 일이 나를 만족시키진 못했다. 당시의 나는 '술을 머리끝까지 마시고 다니던' 낙오자였다.

하지만 지금 생각해 보면 그 당시에 느꼈던 내 인생에 대한 '불만족'이야말로 나를 '다른 곳'으로 이끄는 동력이었다. '지금'에 만족하는 사람들은 변하지 못한다. 불만족한 사람들이야말로 스스로를 변방으로 이끌고, 거기서 죽든지, 아니면 새로운 방법을 찾아서 다시 돌아오게 되는 것이다.

인생의 뒷문 – 'Alt + F11'

나는 작은 학원의 더 작은 내 자리에서 학생들의 성적 처리를 위해 엑셀을 만지다가 우연히 'Alt+F11'이라는 기능키를 누르게 되었다(완전히 '우연히'라기 보다는 당시 읽던 엑셀관련 도서에 안내가 되어 있었던 걸 우연한 기회에 실행해 보게 된 것이다). 당시의 나는 이미 엑셀에 꽤 흥미를 느끼고 있어서 책몇 권을 사서 읽었고, 나름은 '엑셀 고수'라고 생각하던 때였다. 그렇게 자신만만하던 나에게 'Alt+F11'을 누르면 등장하는 VBA(Visual Basic for Application) 윈도우는 완전한 신세계였다.

원래 BASIC이란 언어는 1963년 존 케메니John Kemeny와 토머스 커츠Thomas Kurtz에 의해 개발되었다. 스크립트 언어였고, 순차실행의 특징이 있었기 때문에, 만들어진 당시에는 다소 느리다는 평가가 있었지만, 워낙 쉽게 설계된 언어였기 때문에 개발자들에게 인기가 있었다. 이 베이직을 사랑한 개발자 중에는 빌 게이츠도 있었는데, 그는 알테어용 베이직 인터프리터를 만들었고, 스티브 잡스를 위해 애플소프트 베이직도 만들었으며, MSX의 베이직도 만들었다. 빌 게이츠가 왜 베이직을 사랑하는지는 모르겠지만(개발자들은 설명할 수 없는 자기만의 기호가 있다), 베이직이 C언어에 밀려 주류언어로서의 역할을 상실해 갈 때쯤, 이를 '비주얼 베이직Visual Basic'으로 재

탄생 시켜서 MS의 프로그램 개발 플랫폼인 '비주얼 스튜디오Visual Studio'의
구성품으로 당당하게 끼워 놓은 것도 빌 게이츠였다.

비주얼 베이직(우리나라에서는 '비베'라고 불리기도 한다)은 원래의 베이직
과는 달리 '윈도우즈' 프로그래밍을 위한 언어가 되었다. 비주얼 베이직 이
전에는 윈도우즈 코딩을 하기 위해서는 C언어 혹은 C++과 같은 객체지향
언어를 사용하거나, 이를 기반으로 한 비주얼 툴인 MFC를 사용해야 했는
데, 비주얼 베이직은 드래그앤드랍(마우스로 끌어다가 원하는 위치에 떨구는, 지
금은 매우 보편적인 컴퓨터 마우스 동작)을 이용하여 이 모든 작업을 간편하게 끝
낼 수 있었다. 윈도우 창 하나를 만들기 위해서 소모되어야 하는 수많은 코
드를 생각했을 때, 간단한 사용자 인터페이스를 가진 비주얼 베이직은 수많
은 개발자들에게 환영을 받았다. 비주얼 베이직 1.0은 16비트 기반이었고,
1991년 5월에 발표되었다. 5.0이 1997년 2월에 발매되었고, 이 때부터는
32비트에서만 사용 가능했으며, 마침내 1998년 6월에 비주얼 베이직 6.0
이 발매되었다.

새삼 강조할 필요도 없지만, 윈도우즈는 한 때 소비자 운영체제의 90%
이상을 차지했고, 이 말은 곧, 사람들이 쓰게 만들려면 '윈도우즈' 코딩을
해야 한다는 것을 의미했다. 하지만 모든 사람들이 C, C++, MFC를 이해
할 수는 없었고, 작은 기능 하나를 구현하기 위해서 그 모든 언어를 배워야
한다는 것은 어불성설이었으므로, 사람들은 비주얼 베이직을 썼다. 비주얼
베이직은 폼Form이라는 윈도우 객체에 각종의 버튼이나 스프레드시트 같은
객체들을 마우스로 배치하고 실행하면, 특별한 고려 없이 괜찮은 프로그램

하나를 자동으로 생성해 주었다. 개발자들은 단지 그 객체들의 속성만을 변경해 줌으로써 코딩을 마칠 수 있었고, 프로그래밍에 익숙하지 않은 사람들부터 반복되는 코딩에 지친 개발자들까지 모두에게 사랑 받는 언어가 되었다.

이 언어를 사람들이 자주 쓰는 애플리케이션에 넣어야겠다고 생각한 건 옳은 결정이었다. 빌 게이츠는 마이크로소프트 오피스(워드, 엑셀, 파워포인트 등이 포함된)에 비주얼 베이직을 통합한 '응용프로그램을 위한 비주얼 베이직', 즉, VBA를 1993년에 출시했다(그 해는 내가 대학에 막 들어가던 시점이었고, 286컴퓨터를 조금씩 쓰기 시작하던 때였고, 쓸 줄 아는 프로그램은 한글 워드 정도였던 때였다). 지금 생각해보면 당시 MS와 빌 게이츠가 컴퓨터 세계에서 발휘한 상상력과 창의성은 역시 대단했다고 생각한다. 확실히 최고의 소프트웨어 회사는 거저 만들어지는 것이 아니다.

어쨌거나 MS가 발표한 VBA 덕분에 나는 2000년 대 초반에 프로그래밍에 입문할 수 있는 계기를 만들 수 있었다. 처음엔 엑셀용 VBA를, 엑셀에 직접 값을 입력하지 않아도 저절로 입력이 되는 방식으로 사용했다. 가령, 반복되는 특정 데이터를 엑셀의 시트가 활성화될 때마다 저절로 셀에 입력되도록 만들면서 기쁨을 느끼는 식이다. 그 때는 VBA관련 국내 서적이 많지 않아서 지금은 기억나지 않는 일본 번역서를 가지고 공부를 해 나갔고, 꽤 열심히 했던 것으로 기억한다.

그렇지 않아도 엑셀 고수였던 내가 VBA를 통해 처음 코딩을 시작하자, 나는 '엑셀이 뭐지?' 하던 시절의 나와는 완전히 다른 사람이 되었고, 준 개발자가 되었다. 하지만, 무언가를 '잘' 하기 시작한다는 것은 사실은, '그것'에 대한 흥미를 잃게 된다는 것을 의미한다. '엑셀이 뭐지?' 하고 스스로에게 묻는 것은 '호기심'의 발현이고, 이제 그것을 잘 안다는 것은 이미 그것이 호기심의 대상이 아니라는 것이다. VBA에 대해 알아갈수록 나의 호기심은 다른 방향을 향하기 시작했다. 이제 나는 VBA에는 만족할 수 없었고, VB 자체에 대한 관심을 가지기 시작했다.

그리고 개발자가 되기까지

나는 이 글을 쓰는 2019년의 대한민국에 개발자의 저변이 넓지 않다고 생각한다. 전 국민의 절반 이상은 프로그래밍에 대한 자신의 생각이 있어야 더 좋은 사회를 위한 최소한의 저변이 마련되었다고 생각하는 편인데, 여전히 이 사회엔 컴퓨터에 대해 거의 모르는 사람들이 더 많고, 그런 사람들이 특히 의사결정권한이 몰려 있는 자리(국회의원, 고위 공무원 등)에 더 많이 분포해 있다고 본다.

그러니 내가 처음 비주얼 베이직에 대한 책을 구매했을 때는 어떠했겠는가? 나는 컴퓨터 공학을 전공한 사람도 아니었고, 따라서 내 주변에는 컴퓨터에 대해 물어 볼 사람도 전혀 없었다. 오히려 '그런 쓸데없는 짓은 당장 그만 둬!'라고 말하는 사람들로 가득 차 있는 편이었다(내가 시와 소설을 습작할 때 보여주던 사람들의 반응과 같았다). 나는 어쩌면 VBA에서 만족해야 했을지도 몰랐다. 그러면 내가 대학교에 처음 입학했을 때 '아래아 한글'을 다룬다는 이유만으로 컴퓨터 친화적인 신입생으로 인정받은 것처럼, 컴퓨터 조금 할 줄 아는 영어 강사가 되어, 그럭저럭 만족스러운 삶을 영위하고 있었을지도 모르겠다.

하지만 그 때 이미 나는 알고 있었다. 세상은 그렇게 쉽게 흘러가지 않으리라는 사실을. 세상은 내가 생각했던 것보다 훨씬 빠른 속도로 변하고 있었고, 그런 변화의 주체는 더 이상 '문과생'들이 아니었다. 서른 살이 되도록 인생에 만족하지 못했던 나는 완전히 다른 길로 향하고 있었고, 그 길에서 만족을 찾을 수 있었다. 그곳에선 지치도록 머리를 굴려도 부족했고, 머리를 굴리다 지쳐 잠들었다가 다시 일어나 풀리지 않는 알고리즘의 수수께끼를 풀어야 했다. 아마도 마음에 들지 않는 세상에 대한 저항의 수단이었을까? 나는 절대로 공부하지 않았던 대학생 때처럼, 술만 퍼먹고 다니던 강사 초기시절처럼, 아니면 머리 깎고 절에 들어가 속세와의 연을 끊는 사람들처럼 코딩에 입문했다. 나에게 코딩은 반항이자 탈출구였다.

처음엔 비주얼 베이직에 대한 간단한 입문서를 읽는 데도 힘이 들었다. 일생 동안 컴퓨터에 대해 진지하게 생각하지 않은 사람은 그런 서적의 머리말도 읽기가 힘들다. 모르는 개념이 나오면 사전을 찾아 볼 순 있지만, 그걸 설명하는 말은 더 이해하기 힘들었다. 어느 정도 수준이었는가 하면, '메모리memory'라는 말이 나오면, 그게 실제로 의미하는 게 무엇인지 몰랐다. 그게 그냥 인간의 '기억'에 대한 이야기인지, 아니면 어떤 특수한 개념인지 알 수 없었다. 그게 인간의 기억을 가리키는 게 아니라고 해도, 그게 아닌 다른 '특수한 개념'에 대해선 거의 지식이 없었기 때문에, 정확하게 무슨 의미인지를 알기 어려웠다.

전문적으로 분석하면 컴퓨터의 기억장치, 즉 '메모리'는 여러 의미에 걸쳐있다. 여러 계층의 레지스터register에서, ROM(Read Only Memory), RAM(Random Access Memory), HDD(Hard Disk Driver), SSD(Solid State Driver) 등이 있다. 하지만 이건 하드웨어의 관점에서 본 '메모리'이고, 프로그램이 실행되는 '프로세스process' 관점에서 메모리를 생각한다면, 코드 영역, 전역 변수 데이터 영역, BSS(Blocked Stated Symbol) 영역, Heap 영역,

Stack 영역으로 나뉘어질 수도 있다(더 자세한 내용은 운영체제 이론에 대한 전문 서적을 참고하기 바란다).

　이런 사전 지식을 가지고 '메모리'란 어휘를 대하는 것과 그러지 못하는 것 사이에는 많은 차이가 존재한다. 당시의 나는 몇 가지 애플리케이션 정도를 쓸 줄 아는, 사실상의 '컴맹'이나 다름이 없었고, 그러니 아주 기초적이고도 초보적인 수준의 책을 놓고도, 마치 난독증에 걸린 사람마냥 우물쭈물할 수밖에 없었다. 이 책을 완독하는 데만 근 1년을 보냈다. 나는 바보 중의 바보, 천치 중의 천치였다(그나마 그 사실이라도 늦지 않게 깨달은 것은 다행한 일이었다).

　하지만 이 때의 1년은 그 이후의 삶을 살아가는 데 필요한 아주 중요한 사실 하나를 내게 가르쳐 주었다. 그건 '답은 언젠가는 나온다'는 교훈이었다. 처음엔 책을 읽고, 낯선 개념에 부딪힐 때마다, '아, 이 개념은 절대 알아내지 못할 거야!'라고 생각하는 경우가 많았다. 그 개념 자체가 낯설고, 그걸 물어볼 사람도 없고, 찾아 본 자료들은 불충분하거나, 어려웠기 때문이었다. 그런 상황에서는 머리 속에서 '이해'라는 게 성립하리라고는 꿈에도 생각할 수 없다.

　그런데 신기한 것은 그 질문을 마음 속에 품고 잊지만 않으면, 지금 당장은 아니더라도 몇 개월 후, 몇 주 후, 몇 일 후, 혹은 몇 시간 후에는 반드시 그 답을 찾게 된다는 것이다. 처음엔 의문을 품고, 답답해 하다가, 결국 답을 찾는 기간이 꽤 길었다. 심하면 몇 개월이 걸렸다. 하지만 진도가 진행될수록 그 기간은 몇 주, 몇 일로 줄었고, 시간이 더 지나자 몇 시간, 몇 분 정도에도 답을 찾는 일이 빈번히 일어났다. 그런 체험은 당시의 나에게는 '기적 체험'과도 비슷했다. 공학의 개념에 일자무식인 내가 점점 그것들에 익숙해지고 알아가고 있는 것이다!

그런 과정을 겪으면서 나는 이런 생각을 했다: '결국 답을 찾지 못하는 것은 질문을 오래 갖고 있지 못하고 포기하기 때문이구나!' 그러니까 답을 찾기 위해서 필요했던 건 물어볼 사람, 좋은 자료, 좋은 선생님이 아니라 그 질문을 포기하지 않고 끝까지 간직하고 유지하려는 나의 마음가짐이었던 것이다. 거꾸로 말하면 내가 포기했기 때문에 답이 찾아지지 않은 것이지, 답이 존재하지 않아서 내가 찾지 못한 것은 아니라는 것이다. 주변에 좋은 친구가 없고, 좋은 자료가 없고, 이끌어 줄 좋은 선생님이 없다는 건 결국 '포기하고자 하는 핑계'에 불과했다는 것이다.

요약하면, 결국 '시간'의 문제다. 조급해 하지 말고, 마음을 가라앉히고, 충분히 시간을 들이면 되는 것이다. 동양의 고전 '중용中庸'에는 다음과 같은 충고가 나온다:

人一能之 己百之, 人十能之 己千之
인일능지 기백지, 인십능지 기천지
果能此道矣, 雖愚必明, 雖柔必强
과능차도의, 수우필명 수유필강

다른 사람이 한 번에 하면, 나는 백 번을 하고,
다른 사람이 열 번에 하면, 나는 천 번을 한다.
이 방법에 능할 수만 있다면.

46

나처럼 자신이 어리석다고 생각하는 사람이라면 반드시 귀담아 들어야
할 말이다. 자신의 어리석음을 핑계로 아무것도 하지 않으려는 사람들, 혹
은 일이 안 되는 것이 자신의 어리석음 때문이라고 자책하는 사람들이 있다
면, 이 중용의 구절이 도움이 될 것이다. 이제 막 컴퓨터와 코딩에 입문한
'어리석은' 나는 오로지 '이해가 될 때까지 물어본다'는 정신으로 공부했다.
비록 어리석었지만, 결국 답을 찾았고, 답을 찾고 나서는, 더 이상 어리석은
사람이지 않았다.

여하튼 그렇게 비주얼 베이직에 익숙해진 나는 다음 단계로 넘어갔다.
처음에 '엑셀'에 입문하고, 'VBA'에 입문하고, 'VB'에 입문한 다음에는, 한
단계가 끝나면 다음 단계를 가는 것이 어느 정도 당연하게 되어 있었던 것
이다. 그 단계를 넘어갈 때마다 고민이 없지는 않았다. 여기서 더 가야 하
나, 아니면 만족함을 알고 여기서 그쳐야 하나. 그런 고민이 생길 때마다 시
간의 차이는 있었지만 결국 나는 더 가는 길을 택했다. 왜 늘 한 발짝 더 가
보는 길을 선택했는지는 아직도 잘 모르겠다. 어쩌면 그걸 '운명'이라고 말
할 수도 있지 않을까 생각해 볼 뿐이다.

비주얼 베이직의 다음 단계는 'C'였다. 왜 C인지는 프로그램을 조금이
라도 아는 사람들은 이해할 수 있다. 단지 비주얼 베이직만인 사람들은 '빨
리 성과물을 얻고 싶은' 사람들일 수밖에 없다. 하지만 컴퓨터라는 기계의
본질적 쓰임에 관심이 있는 사람이라면, C를 하지 않을 수 없는 것이다. 물

론 C를 지나간 언어로 치부하는 사람들도 있다. 현대 프로그래밍 환경에서 C를 이용해서 무언가를 구현한다는 것은 낯선 일이다. 하지만 컴퓨터는 단지 실용성만으로 판단될 수는 없다. C는 여전히 리눅스와 유닉스를 만드는 언어이고, 지금도 성능이 이슈인 중요한 작업에선 유용하게 쓰이고 있다. 그리고 무엇보다 컴퓨터의 동작을 깊이 있게 이해하고 싶은 사람들을 위한 가장 좋은 교육용 언어로 자리잡고 있기도 하다.

C 프로그래밍 언어라고 해서 특별히 배우는 게 어렵지는 않다. 다만, 요새처럼 객체지향이 주류고, 메모리 관리를 가비지 컬렉터(GC, Garbage Collector)가 능숙하게 해 주는 환경에서 '포인터pointer'를 직접 다룰 수 있다는 것만으로도 C는 해 볼 가치가 있다. 포인터는 메모리의 주소값을 저장하는 변수인데, 변수를 그저 변수값으로만 생각하는 것과 변수값이 저장된 공간으로 생각하는 것과는 차이가 많다. 자료를 '값'과 '주소'로 분리해서 생각하는 건 프로그래밍 능력에서 거대한 도약이다(이 차이에 대한 논의만으로도 책 한 권을 구성할 수 있겠지만 여기서는 이에 그친다). 여하튼 C를 공부한다는 건, 어떤 면에선 포인터를 공부하는 것과 같다고 볼 수도 있다.

C를 공부하고 낡은 노트북으로 비주얼 스튜디오를 돌리면서 컴파일compile, 링크link, 빌드build라는 개념도 어느 정도 익숙해졌고, 무엇보다 로그창을 보는 데에도 익숙해질 무렵에 '웹web'에 대해서도 전문적으로 공부해 볼 기회가 생겼다. 이 때 처음 만난 자바스크립트javascript는 나중에 내 인생에 있어 또 하나의 거대한 전환점이 되는데, 처음 접했을 때는 그저 작고 재미있는 언어 하나를 알게 되었다고 좋아했었던 듯하다.

C를 공부하고 나면, 누구나 C++을 공부하고 싶어진다. 특히 '객체지향 OOP' 코딩을 하기 위해서는 더 그렇다. C는 고급 자료형으로 '구조체struct'를 쓰는데, 이것만으로는 객체지향을 이해하기는 어렵다. 물론 C로 객체지향 코딩이 전혀 불가능한 것은 아니지만, 그렇다고 객체지향 코딩을 하고 싶은 사람이 C를 선택하는 것도 이상하다. 객체지향 코딩은 객체지향의 목적으로 설계된 언어를 쓰는 게 마땅한데, 그런 의미에서 C++은 괜찮은 선택이었다. 물론 JAVA와 같이 더 고레벨의 언어도 있었지만, 여러 가지 이유로 C++을 선택했다(당시 읽고 있던 자료구조와 객체지향 관련 서적이 대부분 C++ 기반이었던 것이 큰 이유가 되었을 것이다).

나중에 자바JAVA를 따로 공부하기도 했지만, C/C++을 잘 이해한 사람이라면 자바라는 언어 자체를 배우는 데 그리 오랜 시간이 걸리지는 않는다. 자바는 쉬운 사용과 컴파일/실행 방식의 선진성 때문에 큰 인기를 끈 언어다. 이게 업계의 정설인지는 몰라도 자바의 '가상머신JVM'을 본떠서 마이크로소프트의 닷넷(.NET) 프레임웍framework이 나왔다고 해도 과언은 아니다. 자바 이전의 프로그램들은 '실행파일'을 생성해서 동작시키는 방식이었다면, 자바는 가상머신 상에서 동작시키기 때문에, 플랫폼 종속적이지 않다는 특징을 가진다(정확히 말하면, 가상머신이 운영체제 종속적이고, 자바프로그램은 가상머신 종속적이다. 어쨌든 자바프로그램은 운영체제에 종속적이지 않다). 이러한 시스템 중립적인 이유로 자바는 크게 유행을 했고, 그 인기가 지금도 이어져 오고 있다. 대규모 프로젝트 현장에서는 대부분 자바를 선호하는 편이기도 하다.

컴퓨터를 좀 더 전문적으로 파고 싶은 사람들에게는 단지 언어를 배우는 것만으로는 충분치 않다. 언어를 배울수록 궁금해지는 부분이 있기 때문이다. 언어를 동작시키는 컴파일러, 그 컴파일러가 실행되는 운영체제, 그리고 네트워크와 소켓에 이르기까지, 컴퓨터 분야는 배우고자 하면 배울 거리들이 매우 많다. 이 모든 것들에 대해 몇 개월, 혹은 몇 년의 탐색과정을 거치다 보면, 이제 아무것도 모르는 문과생은 현장에 투입되는 진짜 개발자가 될 준비가 끝나게 된다.

아직은 목마르다

개발자로 살아간다는 것은 매우 뿌듯하긴 하지만 쉽지 않은 일이다. 솔직하게 말하면 개발자들이 취업하는 것은 그리 어렵지 않다. 종합대학이든 전문대든 관련 학과를 졸업하면, 심지어 몇 개월 전산 학원을 다닌 다음에도 바로 취업에 들어가는 사람들도 있다. 그만큼 일자리는 많고, 좋은 개발자들에 대한 수요는 여전히 넘치고 있다(물론 잘 알려지고 누구나 가고 싶어하는 직장에 지원해서 합격하는 일은 그리 쉽지는 않다). 하지만 취업이 다는 아니다. 누구나 원하는 좋은 개발자, 어떤 일이든 빠르고 안정적으로 해결하는 개발자는 그리 많지 않고, 그런 사람이 되는 것이 쉽지 않은 것이다.

개발자는 점점 많아지고 있는데, '좋은 개발자'가 적은 이유는 무엇일까? 바로 여기에 개발자로 살아가는 것의 어려움이 담겨 있다.

우선, 개발은 편하게 하려고 마음만 먹으면 얼마든지 편하게 할 수 있다. 좋은 언어일수록 좋은 커뮤니티가 많고, 좋은 커뮤니티가 많을수록 좋은 툴들이 많이 나오고, 좋은 툴들이 많이 있기 때문에 현장에 있는 개발자는 그 툴들을 이용해서 빠르게 개발에 들어갈 수 있다. 대한민국의 현장에선 대부분 자바를 쓰고, 자바에 관련된 툴들은 유료/무료를 가릴 것 없이 넘치고 넘친다. 사실 개발자가 하는 일이라고는 좋은 툴들이 어디에 있는지 잘 찾아다가 자기 업무에 적용하기만 하면 되는 것이다. 하지만 이런 식으로 개발 경력을 보내는 대부분의 사람들은 금방 도태되고 만다. 왜냐하면,

개발 환경은 너무나 빠르게 변한다. 내가 처음 개발을 시작했을 때의 주류는 비주얼 베이직이었다. 나보다 먼저 개발을 시작한 사람들은 C나 어셈블리어를 한 사람들도 있다. 하지만, 마이크로소프트에서 2005년에 VB6.0에 대한 지원을 끊은 이후로 개발자들은 완전히 달라진 닷넷(.NET) 프레임워크에서 작업을 해야 했다. 그리고 얼마 있지 않아 자바의 시대가 왔다. MVC 모델을 충실히 구현한 스프링Spring 프레임워크는 곧 도래한 웹 프로젝트를 구현하는 데 가장 효율적인 방식으로 굳어졌고, 이 스프링이 자바 기반이었기 때문에, 이제 대기업/공공기관에서 나오는 거의 모든 프로젝트는 자바를 써야 했다. 그리고 지금은 웹앱 기반의 프로젝트가 유행이고, 안드로이드에 대한 소유권을 가지고 있는 구글은 코틀린Kotlin이란 새로운 언어로 앱 작업을 하도록 지원하고 있다. 인공지능의 시대이기도 해서 스크립트 기반의 Python이 대유행을 하고 있고, 플랫폼 중립적인 웹 풀스택 언어로 Javascript도 큰 인기를 누리고 있다. 이렇게 눈을 뜨고 나면 바뀌는 개발 트렌드는 개발자들을 쉽게 지치게 만든다. 어제까지 나에게 돈과 일거리를 주던 언어가 내일이면 사라지고 새 언어가 그 자리를 차지하고 만다. 준비가 안 된 개발자들은 새 언어에 적응하든지, 혹은 개발이란 직업을 포기하든지 하는 벼랑 끝 선택에 내몰리게 되는 것이다. 어찌 보면 개발은 뒤늦게 들어온 사람들에게 더 유리한 직업군이다. 지난 2~30년 동안 변하지 않고 수요가 꾸준한 개발분야는 SQL로 데이터베이스를 처리하는 분야인데, 그나마도 수요가 예전만 못하고, 빅데이터나 NoSQL 시대를 맞아 이마저도 그 지위가 조금씩 흔들리고 있다. 한마디로 개발에서 안전영역은 없는 것이다.

내가 영어 강사를 그만두고 본격적으로 개발자로서의 커리어를 시작하면서 처음 한 일은 모 증권회사의 온라인 거래시스템을 구축하는 일이었다. 당시엔 구글의 안드로이드와 애플의 iOS가 스마트폰 점유율이 엇비슷할 때여서(사실 애플 스마트폰의 빅히트가 안드로이드의 유행을 선도했다고 봐도 될 것이다), 안드로이드와 iOS를 따로 개발하고 있었고, 나는 안드로이드 쪽에 투입되었다. 현장에 투입되었을 때, 제일 당혹스러웠던 것은 그 현장이 안드로이드 표준 플랫폼으로 작업하는 것이 아니라, 누군가가 독자적으로 개발한 통합 개발 환경으로 작업한다는 것이었다. 게다가 증권사 쪽에서 사용하는 독자적인 통신 API도 따로 있었기 때문에 그 쓰임새를 익히는 것도 꽤 도전적이었다(물론 가장 도전적이었던 것은 그런 도전적인 상황에 직면한 인적 자원들의 수준이었다. 몇몇의 고급 개발자를 제외하곤, 저렴한 급여로 급하게 구한 신규 개발자들뿐이었다. 물론, 나도 그 중의 하나였다). 이런 환경에서 프로젝트를 수행한다는 것은 언어를 익혀서 '프로그래밍을 할 줄 안다'는 것과는 다른 차원의 일이었다.

단지 언어와 컴퓨터 지식을 아는 것과 현장에 투입되어 다양한 상황을 코딩으로 대응하는 일은 서로 다른 일이다. 학교에서 높은 점수를 받은 것과 현장에서 문제를 해결하는 건 전혀 다른 일인 것과 같다(그런 의미에서 현장에 관련된 학위가 없는 것이 참으로 아쉽다). 이론은 배우면 되고, 이해가 안 되면 암기라도 할 수 있지만, 현장에서 벌어지는 상황에 대처하는 것은 단지 그런 학문적 이해력만 가지고는 부족하다. 현장에선 다양한 방식의 문제가 일어난다. 절대 통제된 상황에서 예측 가능한 방식으로 문제가 발생하지 않으므로, 어떤 문제를 일반화하여 해결책을 낼 수도 없다. 한 가지 일이 일어나면 다음 일이 일어나고, 다음 일이 일어나면 그 다음 일이 일어난다. 그런 일들이 반복적으로 일어나는 일은 드물고, 모든 일들은 그 일만의 특징이 있다. 아마 동일한 일이 두 번 일어난다면, 그건 첫 번째 일어난 일을 해결하는 데 실패했다는 증거가 되든가, 그게 아니라면, 첫 번째 일을 해결한 방식을 그대로 사용하여 해결하면 되므로 그걸 문제라고 정의할 수 없다(해결책이 존재하는 문제는 문제가 아니다). 우리가 현장에서 일, 혹은 사건이라고 정의하는 것들은 보통 새롭고 풀기 까다로운 일들을 의미한다고 보면 된다.

가령, 소비자와 은행간의 거래를 완성하기 위해 올바른 통신을 시도하는 프로젝트라면, 소비자가 사용하고 있는 프론트 화면에서 서버의 데이터베이스 시스템까지는 수없이 많은 단계들이 존재한다. 통신을 위한 소켓 프로그래밍도 문제지만, 서버 아키텍쳐architecture의 중간 중간에 끼어 있는 많은 솔루션들이 있을 수 있고, 그 솔루션들간의 통신은 암호화 작업이 필요할 수 있고, 그 솔루션들은 서로 다른 언어로 제작되었을 수도 있다. 만약 그런 시스템에서 '거래 오류'가 떨어진다면, 대체 시스템의 어떤 부분에서 에러가 난 것인지를 판단하는 것 자체가 문제가 된다. 그게 단순한 프론트 동작 오류일 수도 있고, DBMS에서 일어난 보안 오류일 수도 있고, 특정 언어로 만들어진 솔루션의 기능 오류일 수도 있고, 통신을 중개하는 웹 서버의 오류일 수도 있다. 아니면, 여러 가지 원인이 복합되어 일어나는 일일 수도 있고, 혹은 그냥 통신을 위한 '프로토콜'의 변경과 같은 단순한 요소일 수도 있다.

그런 에러들을 발견하고 해결하는 단 한 가지의 방법은 있을 수 없다. 오류의 요소는 프로젝트가 벌어지고 있는 사이트만큼이나 다양하고, 그 다양성에 아키텍처의 복잡도를 곱하고, 그 복잡도에 참여한 사람들의 수를 곱한 것만큼이나 다양하다. 한마디로 말하면, 그 다양성은 예측 불가능한 정도이고, 그래서 따로 예방은 불가능하다. 그런 현장에서 개발자로 버틴다는 것은 단지 개발능력과는 별개의 '인간적 능력(성실성이나 인내심 같은)'을 반드시 요구한다. 언어를 잘 알고, 알고리즘을 잘 알고, 플랫폼을 잘 아는 것과는 전혀 다른 능력들이 요구되는 환경이 바로 SI인 것이다. 아마 최소 4~5년쯤 현장에서 밤낮없이 열심히 일해야 현장에 대한 감을 익힐 수 있을 것이다.

다행히 나에겐 초보적인 교재를 붙잡고 1년을 버틴 눈물의 세월이 있었고, 그 세월 동안 내 몸에 익혀 놓은 '학습 능력'이 있었다. 누구나 새로운 환경에 노출되면 처음엔 '패닉'의 시간이 있지만(그래서 사람들은 그토록 익숙한 환경에서만 일하려고 하는 것이다), 난 그 패닉의 시간을 재빨리 정리하고 새로운 환경에 적응하는 나만의 방법이 있었던 것이다. 그게 그 개발 현장에 투입된 모든 사람들과 나를 구분시켜주는 특징이었고, 나는 비록 그 현장에 가장 늦게 투입되었지만(내 선임은 적응하지 못하고 몇 주 만에 잠적했다는 이야기가 있다), 가장 먼저 자기 일을 마친 사람이 될 수 있었고, 공결이 생긴 다른 사람의 일을 절반쯤 더 맡고서도 여전히 가장 먼저 일을 끝낸 사람이 될 수 있었다.

내가 혹독하기 마련인 SI 현장에서 일을 가장 먼저 끝낼 수 있는 이유는 몇 가지가 있다.

우선, 나는 처음 보는 플랫폼과 처음 보는 언어였지만, 재빠르게 그 언어의 패턴을 파악했고, 적응했다. 개발을 늦게 배운 나에게 '새로운 언어를 배우는 일'은 매우 익숙한 일이었기 때문에 그게 가능했다고 생각한다. 다른 개발자들에겐 '익숙한 언어'라는 게 있었지만, 나에겐 그런 게 없었고, 나에게 익숙한 것이 있다면 그건 새로운 언어를 배우는 일이었다. 새로운 언어가 장애물이라고 생각하는 개발자들과, 새로운 걸 배우는 게 당연한 개발자들 사이에는, 비록 그게 단지 마인드의 차이일 뿐이라 하더라도, 하늘과 땅만큼의 차이가 있다.

그리고 나는 현장에 투입되기 전에 개인 프로젝트로 웹과 안드로이드 앱을 제작한 경험이 있었고(이 앱은 실제로 마켓에 등록도 해 놓았다), 이 경험은 늘 삶에 쫓기는 다른 개발자들에게는 전혀 없는 경험이었다. 그 현장에는 당시 막 유행하기 시작한 '비동기asynchronous 통신'이라는 개념조차 모르는 개발자들이 많았고, 그래서 그들은 당연히 '콜백callback 함수'를 처리하는 데 애를 먹었다. 늘 동기적synchronous 코딩에만 익숙하던 사람들은 비동기 코딩을 하는 방법부터, 그걸 디버깅하는 방법까지 매우 어려울 수밖에 없다. 하지만 나에겐 이미 비동기 처리를 해 본 충분한 경험이 있었다.

그리고 가장 중요한 이유는 이것이다: 나는 일이 없는 주말이면 집에서 그 플랫폼에서 사용할 수 있는 '자동화 코드'를 만드는 일을 했다. 익숙하지 않은 언어를 재빠르게 코딩할 수 있는 가장 좋은 방법은 역시 반복되는 코드를 자동으로 입력해 주는 툴을 쓰는 것이다. 새로운 플랫폼이어서 알려진 툴이 없다면? 응당 '만들어 쓰면' 된다.

'만들어 쓰면 된다'. 이 말은 참으로 쉽고도 어려운 말이다. 누구나 코딩은 할 수 있을 거라 생각한다. 하지만 누구나 플랫폼을 만들거나, 누구나 컴파일러를 만들 수는 없을 거라 생각한다. 현장에서 늘 느끼는 거지만, 현장 개발자들이야말로 IT에서 가장 소외된 인력들이다. 그들은 소비자들에게 '자동화'의 편의를 주기 위해, 자기는 막노동을 하는 사람들이다. 다른 말로 하면, 소비자들이 느끼는 자동화의 편리성은 IT 노동자들의 막노동의 결과인 것이다. 현장에서 '똑똑하게', 혹은 'IT스럽게' 코딩하는 사람을 보는 건 매우 드문 일이다.

'자기만의 툴'을 만들기 위해서 가장 중요한 것은 '자기 일'에 대한 분석이다 개발자들은 보통 '주어진 일'을 할 뿐이지, 자기 일을 분석하려고 하지 않는다. 그들의 작업을 비유하면 이렇다. '벽돌을 쌓아 오리를 만들어라'라는 작업 명령이 떨어지면, 그들은 벽돌을 쌓아서 오리 모양을 내려고 노력한다. 그 와중에 누군가가 그들에게 다가가 '지금 뭘 하는 거요?'라고 물어보면, '오리를 만들고 있소'라고 대답하는 것이다. 하지만 그들은 오리를 만들고 있는 것은 아니다. 그들은 사실 '벽돌을 쌓고 있는 것'이다.

오리를 만드는 일과 벽돌을 쌓는 일은 중요한 차이가 존재한다. 세상에 오리를 만드는 방법은 너무나 많고, 오리의 모양도 각양각색이다. 그러므로 오리를 만드는 방법에는 일정한 패턴 같은 건 없다. 하지만 '벽돌을 쌓는 일'이라면 얘기는 달라진다. 벽돌을 쌓는 일은 생각보다 단순하다. 벽돌에 시멘트를 칠하고, 벽돌을 다른 벽돌 위에 올려 놓는 일인 것이다. 그런 똑같은 행동을 계속 반복하다 보면 어느새 벽돌은 '오리'가 되어 있거나, 아니면 '집'이거나 '성당'이 되어 있는 것이다. 오리이건 집이건 성당이건 노동자가 하는 일은 동일하다. 벽돌을 쌓는 것이다.

물론 벽돌을 쌓을 때의 '변화'도 필요하다. 그저 벽돌 위에 벽돌을 놓을 뿐이라면 높은 담벼락을 만들 수 있을 뿐일 것이다. 하지만 그런 변화는 '적고', '통제 가능하다'. 가령, 누군가가 '자, 여기서부터는 안쪽으로 비스듬하게 쌓자'라고 얘기하면, 그대로 하면 되는 것이다. 그런 쌓기의 다양성이란 한두 가지의 변수만으로 통제가 가능하다. 노동자는 무엇을 하는 사람인가? '다양한 각도로 벽돌을 쌓는 사람'인 것이다.

개발자들은 자신들이 '코드를 작성하는 사람'이라는 사실을 종종 잊는다. 그들은 자신들이 통신을 하고 있다고 생각하고, 거래를 하고 있다고 생각하고, 승인을 하고 있다고 생각한다. 하지만 그 생각은 틀렸다. 그들이 하는 일은 코드를 오타 없이 작성하는 일이다. 통신을 하고, 거래를 하고, 승인을 하는 건, 사실 '컴퓨터'가 하는 일인 것이다.

나는 내가 코드를 작성하는 사람이라는 걸 너무나 잘 알고 있었기에, '코드 자동 생성기'를 만들어 코딩을 했고, 이로써 코드를 타이핑할 때 드는 시간을 대폭 절약했을 뿐 아니라, 타이핑에 따르는 오타 횟수도 제로에 가깝게 줄일 수 있었다. 내가 '프로젝트'를 수행하고 있다고 생각했다면 이런 식의 발상은 불가능했을 것이다. 나는 내 작업을 최대한 단순화하고, 그것의 패턴을 분석하고, 패턴은 자동화했다(이런 자동화야말로 컴퓨터가 마땅히 해야 할 일인 것이다). 이미 말했다시피, 나는 나보다 먼저 투입된 초, 중, 고급의 모든 개발자들보다 더 빠르게 내 몫을 완성했고, 결원이 난 직원 몫의 절반을 더 떠맡고서도 가장 빠르게 작업을 완성할 수 있었던 것이다.

이런 식의 '메타작업', 즉, 작업에 대한 작업을 할 때는 주의해야 할 일이 있다. 이 메타작업을 하는 데에도 작업 공수는 들게 마련이고, 코드가 서툰 사람이 이런 방식으로 작업을 하면, 되려 작업 능률이 떨어져서 전체 작업에 피해를 주는 일이 생길 수도 있다. '작업에 대한 작업'을 하는 것은 쉬운 일이 아니다. 자신의 일을 잘 분석할 줄 알아야 할 뿐더러, 전체 프로젝트도 잘 분석할 줄 알아야 한다. 그렇지 않으면 기껏 만들어 놓은 작업물이 소용없게 되는 것은 물론, 그걸 만드느라 허비된 시간은 어디에서도 되찾을 수가 없다.

개발자의 날개, 수학

거대한 유니코드 표를 탐색하고, 패턴을 만들고, 가설을 세우고,
가설에 맞는 선형식을 만들어 내기까지,
내 머리는 마치 전인미답의 정글을 탐색하듯이, 미친 듯이 회전했다.

내면의 목소리

내가 고등학교 때 우리 집은 여의도에 있는 아파트였는데, 내 방 창문 밖은 아파트 복도를 막아서 만든 일종의 광이었다(복도 끝 집이었기 때문에 가능했다). 어느 날 밤, 방에서 잠을 자고 있는데, 창 밖에서의 인기척에 눈을 떠보니, 창 밖으로 사람의 그림자가 어른거리고 있었다. 그 그림자는 마치 마귀할멈이나 입을 법한 외투를 입고, 그 외투에 달린 뒤가 뾰족한 모자(흔히 고블린 후드 Goblin Hood 라고 하는)를 깊게 쓰고 있었는데, 손에는 끝이 양 갈래로 갈라진 지팡이를 짚고 있었다. 나는 덜컥 겁이 나서 말소리도 내지 못하고 무서움에 덜덜 떨다가 잠에서 깼다. 꿈이었다.

너무도 생생한 꿈이었기 때문에 아침에 깨어 나서 그 꿈에 대해 여러모로 생각해 보았다. 나는 중학교 때 프로이트의 '정신분석입문'을 읽은 적이 있고, 고등학교 때는 '꿈의 해석'도 꽤 진지하게 탐독한 경험이 있었기 때문에, 꿈에 대한 신비주의적인 견해를 갖고 있지 않았다. 꿈은 상징이고, 과학적 해석의 대상이라는 것을 잘 알고 있었다. 아직 서툴지만 책에서 얻은 지식을 바탕으로 내가 꿈을 분석해 얻은 결론은 이것이었다: 우선, 마귀할멈 코스튬을 입은 듯한 그림자는 미지수 X라고 생각했다. 그렇게 생각할 수밖에 없는 게, 그런 옷을 입은 사람이나 이미지에 대한 뉘앙스는 내 주변에 전혀 존재하지 않았기 때문이다. 내가 그런 종류의 영화나 만화나 혹은 장난감 같은 걸 좋아하지도 않았다. 그 사람은 그저 '물음표'거나 'X' 정도만 가능했다. 그리고, 그런 상상 하에서 그가 들고 있던 양 갈래로 갈라진 지팡이

는 Y를 가리키는 것이 분명했다(지금 생각해 봐도 고등학생이 분석한 것치고는 꽤
나 창의적인 꿈 해석임은 분명하다).

　X와 Y가 가리키는 것이 무엇이겠는가? 그건 방정식을 의미하는 것이
아니겠는가? 더 추상적으로 보면 '수학'을 가리키는 것일 수밖에 없다. 그래
서 나는 그 꿈이 수학시험 때문에 심한 스트레스를 받고 있던 당시의 내 불
안감을 상징하는 것이라고 결론을 내렸다(그리고 당시의 내가 수학 때문에 스트
레스를 받고 있는 것은 사실이었다). 내가 전문적 분석가가 아니기 때문에, 이 분
석이 정확하다는 보장은 없다. 하지만 꽤 그럴 듯하다는 생각이 들었다. 지
금도 생생하게 기억나는 그 꿈은 그렇게 분석한 뒤로는 다시 꾼 적이 없다.
그리고 내가 수학 때문에 스트레스를 받는다는 사실을 밝혀 낸 뒤로도 그
스트레스는 결코 줄지 않았다. 고등학교를 졸업하지 않는 한은 사라질 수
없는 스트레스였기 때문이었다.

　날 때부터 수학에 흥미를 느끼고, 수학이 재미있다고 생각하는 사람도
꽤 있을 것이다. 하지만 그게 나는 아니었고, 아마도 대부분의 평범한 학생
들이라면 나와 비슷할 것이다. 지금에 와서 우리나라 수학의 교과 과정과
문제집의 수준을 보면 참으로 터무니없이 어렵다고 하지 않을 수 없다. 어
떤 진리를 바탕으로 도출된 공식들과, 그 공식을 외워야만 풀 수 있는 문제
들, 그리고 그 모든 것을 알더라도 풀 수 없는 문제들이 학생들에게 제시되
고, 학생들은 그 풀리지 않는 문제들을 풀기 위해 처절할 정도로 정신적 고
통을 받을 수밖에 없다.

　그런 식의 문제 출제가 수학에 뛰어난 사람들을 선별해 내는 데는 기여

를 할지 모르겠지만, 그렇지 않은 사람들에게는 그저 무의미한 고통일 뿐이며, 심지어 그들이 수학을 아예 포기하게 만드는 원인이 되기도 한다. 현재 대한민국 전체에 드리워져 있는 수학 공포증이 바로 그 원인의 결과이다. 대한민국에는 두 가지 공포가 있다: 영어에 대한 공포, 수학에 대한 공포. 가장 중요하다고 생각하는 두 과목에 대한 교육과 투자는 결국 '과목에 대한 공포'를 키우는 데 기여하고 있는 것이다.

　하지만 이런 공포증의 책임이 교육과정에 있다는 얘기를 하는 데도 지쳤다. 교육 과정에도 문제가 있지만 세상엔 교육과정이 어떻든 교육엔 관심이 없는 학생들이 많기 때문이기도 하고, 심지어 올바른 교육엔 관심이 없는 선생님들도 적지 않기 때문이다(당연한 얘기지만 좋은 학생. 그리고 좋은 선생님들이 훨씬 더 많을 것이다). 정부에서 내는 '교육과정'이란 것은 정부가 어떤 인재를 원한다는 '인재상'인 것이고, 현장에서 학생과 선생님들의 민주적인 요구는 어떤 것을 배우고 싶다는 '시대상'인 것이다. 진정한 교육과정이라면, 정부가 원하는 이상적인 인재상과 실제 시민들이 원하는 '시대상'이 적절히 견제와 균형을 맞춘 것이어야 한다. 하지만, 현실은? 정부에서 내 놓은 교육과정에 충실하여, 좋은 대학에 진학하고, 좋은 직장을 갖고, 결국 그럴듯한 중산층의 삶을 영위하려는 선생님들과 학생들이 좋은 성과를 얻고 있을 뿐이다. 정부에서 내 놓는 교과과정과 어울리지 않는 배움을 지향하는 사람들은 여전히 주류 사회에선 '루저loser'로 여겨지고, 냉소의 대상이 된다.

나는 '농구'나 '크리켓', 혹은 '대중 가요'와 같은 특정한 영역의 인재들을 옹호하는 말을 하는 것이 아니다. '컴퓨터'는 어떤가? 지금 세상은 컴퓨터 없이는 결코 돌아갈 수 없다는 데에 모두가 동의한다. 모든 사람들이 데스크톱desktop, 랩탑laptop, 모바일폰mobile phone 중 하나, 혹은 일부, 혹은 전부를 쓰고 있으며, 맥도널드MacDonald's나 앤젤리너스Angel-in-us 같은 외식 매장에서도 사람의 수고를 대신하는 '키오스크kiosk'가 등장하고 있다. 얼마 안 있으면 자동차도 다소 큰 컴퓨터가 될 예정이다. 향후 인공지능 시대에는 인류의 문화가 유례없는 격변을 맞을 거라는 예측도 계속되고 있다. 그런데, 우리의 교과과정은 과연 이러한 세상의 변화에 적절히 대응하고 있을까?

이 글을 쓰고 있는 현재 '컴퓨터' 교육은 2015년 개정 교육과정에서 '정보과학'이라는 이름으로 존재하고 있고, 대학수학능력시험에서 차지하는 비중은 거의 없다. 주로 특성화고 학생들이 응시하는 '직업탐구 영역'에서 일부 다뤄지고 있다고 알려져 있다. 그나마도 '소프트웨어'를 직접 작성할 수 있는 교육은 매우 초보적인 수준에서나 이뤄지고 있는 듯하다. 세상에 널리 쓰이면서도 학교에서 가르치지 않는 기술 중에는 '운전'이나 '육아'같은 것들이 있는데, 아마도 '컴퓨터', 혹은 '소프트웨어' 기술도 그런 범주에서 생각하고 있는 것이 아닐까? 필요한 사람이 알아서 배우라는….

여하튼 나는 학창 시절 내내 수학이라는 과목에 시달렸다. 그나마 나는 문과였기 때문에 이과에 간 친구들보다는 덜 시달렸는지도 모른다. 난 수학이 힘들다고 느껴질 때마다 이과에서 벡터vector를 배우고 있는 친구들을 보며 위안을 느꼈고, 대입학력고사에선 그럭저럭 몇 문제 안 틀리고 대학에 들어갈 수 있었다(싫었고, 적성에 안 맞았지만, 다행히 못하지는 않았다). 그렇게 대학에 입학한 이후로 나와 수학과의 인연은 그렇게 끝났다고 생각했다.

우스갯 소리지만, 남자들이 가장 싫어하는 꿈 중의 하나가 '군대에 입대하는 꿈'이라고 한다. 나도 군대에 다녀왔지만, 다시 입대하는 꿈같은 건 꾼 적이 없다. 군대 관련 꿈은 몇 번 꾸었지만 입대하는 꿈은 아니었다. 사실 나는 잘 때 꿈을 그렇게 많이 꾸는 편은 아니다. 다소 낙천적인 성격, 될 대로 되라는 식의 성격이기 때문에 잠은 아주 푹 잘 자는 편이다. 그런데 개발을 시작하고 직업 개발자가 되어 프로젝트 현장을 들락거리며 커리어를 쌓아가고 있을 때쯤 언젠가부터 주기적으로 섬뜩한 꿈을 꾸게 되었다.

그건 다름이 아니라 '공부를 전혀 하지 않은 채로, 수학 시험 시간에 앉아 있는' 꿈이었다. 내 앞에는 수학 시험지가 놓여 있고, 나는 한 문제도 풀지 못한 채 벌벌 떨고 있었다. 공부를 하지 않고 국어 시험지를 보는 것과 수학 시험지를 보는 것은 차원이 다르다. 국어 시험은 눈치로 답을 적고 운이 좋으면 맞을 수도 있지만, 수학은 문제수도 적어서 문항 당 배점이 높은 데다가, 과목의 특성상 공부를 열심히 하고 연습문제도 많이 풀지 않으면 문제를 해독하는 것 자체가 불가능하다. 그런 상태로 수학 시험을 치러보지 않은 사람은 그 느낌을 짐작하기 어렵다. 무섭고, 더럽고, 불쾌하고, 찝찝한 기분은 이루 말할 수가 없다.

꿈에서 깨고 나서, 이게 꿈이고, 나는 어른이기 때문에 더 이상 수학시험 같은 걸 보지 않아도 된다는 사실을 깨닫고 얼마나 안도했는지 모른다.

어렸을 때 수학에 관련된 좋은 추억을 갖고 있는 사람들이라면 그 꿈이 길몽이겠지만, 나에게 수학은 넘지 못할 산이고, 오르지 못할 벼랑이고, 건너지 못할 낭떠러지였다. 좋은 꿈일 리 없는 것이다.

　같은 꿈을 주기적으로 꾼다는 것은 정신분석학적으로 좋은 신호는 아니다. 억압이 있고, 그 억압이 지속적이고, 해결이 쉽지 않음을 암시하기 때문이다. 나의 정신세계가 꿈을 통해 나에게 전달하려고 하는 메시지는 무엇일까? 군대에 입대하는 꿈도 꾸지 않는 내게 그보다 먼 사건인 '수학 시험을 다시 치는' 장면은 왜 나타나는 것일까?

'공부를 전혀 하지 않은 채로, 수학 시험 시간에 앉아 있는' 꿈이었다. 무섭고, 더럽고, 불쾌하고, 찝찝한 기분은 이루 말할 수가 없다.

생각해 보니 내가 그 꿈을 꾸기 시작한 건, 아마도 html5의 canvas 태그를 이용하여, 기존에 플래쉬로 구동되던 증권용 '차트'를 자바스크립트로 새로 구현할 때쯤이었던 것 같다. 나는 주식을 산 경험도 없고, 차트를 그려본 적도 없는 개발자였는데, 그 전체 솔루션을 개발해야 하는 상황에 처해 있었던 것이다. 앞으로 나아가기도 어렵고, 뒤로 물러날 수도 없는 상황에서 내 정신세계는 이 난국을 타개할 유일한 방법은 '수학'이라고 나에게 일러주고 있었던 것이다.

문과생의 수학

수학의 사전적 정의는 이렇다:

"수와 양 및 공간의 성질에 관하여 연구하는 학문"

하지만 이런 정의는 엄밀하지 않다. 보통 사전에서 정의하는 것은 일반인들이 그 어휘에 대하여 가지고 있는 감정에 지나지 않을 때가 있기 때문이다. 수학에 대한 사전적 정의만 가지고는 '수와 양 및 공간의 성질에 관하여 연구하는 학문'은 모두 수학인가? 라는 도전에 부딪힐 수 있다.

사실 많은 학문 분야가 엄밀히 정의될 수는 없다. 가령 '철학'이라는 학문도 꽤 그럴싸하게 존재하는 듯 보이지만, 자세히 뜯어보면 잘 정의되지 않는데다가 시대에 따라 철학을 대하는 일반인들의 인상도 변화해 왔다는 걸 알 수 있다. 사실 무언가를 정의한다는 건 어려운 일이다. 우리가 '인생'을 정의할 수 있을까? 아마 무의미하고 무익한 시도일 것이다. 왜냐하면 우리는 인생을 정의할 만큼 충분한 자료를 모으지 못했거나, 약간의 자료가 있더라도 그 자료들이 올바로 수집되었다는 보장도 없거니와, 그 자료들을 바탕으로 정의를 내린다 할지라도 거기에 동의할 사람은 많지 않을 것이기 때문이다. 우리는 일상생활에서 수학, 철학, 인생 같은 어휘를 쓰지만, 실상 그 어휘들에 대한 엄밀한 정의는 존재하지 않는다. 오로지 그 어휘를 써서 생기는 '이익'만이 존재할 뿐이다.

우리가 '수 numbers'에 대해 이야기할 때, 그것을 수학이라고 생각한다면, 일반인들의 생각과 그리 크게 다르지 않을 것이다. 내가 종이 위에 '페이퍼'

라고 한글로 썼을 때, 그걸 '한국어'에 대한 것이라고 생각해도 큰 잘못이 아닌 것과 마찬가지다. 사실 나는 영어 paper를 단지 한국어로 음차 해서 썼을 수도 있는 것이지만, 굳이 paper를 '페이퍼'라고 썼을 때는 한국어와 아예 관련이 없지는 않겠다고 일반인들은 생각할 것이기 때문이다(이럴 경우엔 글쓴이의 의도와도 상관없이 판단될 수도 있는 것이다). 우리는 숫자로 무언가를 써 놓고, 그걸 수학이라고 우기면서 살고 있는 것인지도 모른다.

약간 우습게 들릴 수도 있지만, 우리는 '모호성' 속에서는 살 수가 없는 존재다. 그래서 수학이니, 철학이니, 인생이니 하는 개념을 쓸 수밖에 없다. 하지만, 이게 우습게 들리는 이유는 모호성을 없애기 위해 모호한 개념들을 쓴다는 얘기나 다름이 없기 때문이다. 어쨌거나 수학은 완전히 정의되긴 힘든 개념이지만, 우리는 수학이라는 어휘를 쓴다. 우리는 '수와 관련되었거나 수와 관련되어 보이는 것'이라는 모호한 말로 대화를 나눌 수는 없는 존재들이다. 누군가 그런 의미에 '수학'이라는 이름을 붙였고, 그 이름은 이것저것 주워담은 보자기 같은 엉성한 개념일 수는 있어도, 아예 없는 것보단 낫다는 이유로 널리 쓰이고, 사람들은 그 이름을 오용하고, 남용하고, 그리고 그 오용과 남용을 합리화하면서 '발전'해 나갔다. 그러니까 '수학'이라는 개념이 엉성했음에도 사람들은 발전해 나간 것이다.

사람들은 이런 말을 자주 한다:

1) "덧셈, 뺄셈만 할 줄 알아도 먹고 사는 덴 아무 지장 없다."

이 말의 뜻을 이해한다. 아마도 아주 초보적인 산술만 할 줄 알아도 괜찮다고 수학에 좌절한 사람들을 다독이려는 의도가 있거나, 발화자의 보잘

것없는 수학 실력에 대한 변명을 하려는 것이다. 그리고 나를 비롯해서 많은 사람들이 이 명제에 적지 않은 위로를 받아 왔다. 하지만 이 문장이 의미하는 것은 생각보다 간단하지 않을 수 있다.

우선, 수학 전체는 덧셈과 뺄셈의 학문(모든 공식은 결국 덧셈, 혹은 뺄셈으로 환원된다), 더 정확히는 덧셈의 학문이다. 가령, 뺄셈은 '자연수' 체계 내에서는 존재할 수 없다. 왜냐하면, $1 - 3 = -2$ 이기 때문이다. 자연수 뺄셈 연산의 결과로 자연수에 속하지 않은 답이 나온다는 것은 '자연수' 체계가 뺄셈에 대해 '닫혀 있지 않다'는 걸 의미한다. 그러니까 뺄셈을 정의하려면, 필연적으로 '정수'로 그 체계가 확장되어야 한다. 그러니 1)의 명제는 최소한 '정수' 체계에 대한 언급일 수밖에 없는 것이다.

정수에는 음의 정수가 포함되므로, 뺄셈은 덧셈으로 환원될 수 있다. '1 − 3'이란 연산식은 '1 + (−3)'과 같다. 전자가 뺄셈이라는 연산자를 의미하는 것이라면, 후자는 정수끼리의 '덧셈'을 의미한다. 그러므로 '뺄셈'은 사실 정수끼리의 덧셈으로 환원될 수 있는 것이다. 그러므로 응당 1)의 명제는 다음과 같이 바꿔 쓸 수 있다:

2) "정수 덧셈만 할 줄 알아도 먹고 사는 덴 아무 지장 없다."

'정수 덧셈' 중에 '3 + 3'이라는 식은 '3 × 2'와 답이 같다. 우리가 곱셈으로 정의하는 것은 앞쪽의 피연산자(operand)(즉, 3)를 뒤쪽의 피연산자(즉, 2)만큼 더하라는 말이기 때문이다. 즉, '3 × 2'는 '3을 2번 더하라'는 말이고, 이것은 '3 + 3'으로 환원될 수 있다. 당연히 '3 × 3'은 '3 + 3 + 3'이고, '3 × 1'은 '3'이고, '3 × 0'은 '0'이 되는 것이다. 이로써 곱셈은 덧셈의 '다른 표현'

일 뿐이기 때문에, 2)의 명제에는 곱셈도 결국 포함된다는 것을 알 수 있다.

나눗셈은 뺄셈과 관련이 있다. 가령, '6 ÷ 3'은 6에서 3을 '몇 번' 뺄 수 있는가를 묻는 식이다. 6에서 3을 한 번 빼면, 3이 남고, 다시 3을 빼면 0이 남는다. 이렇게 0이 남을 때까지 6에서 3을 2번 뺄 수 있으므로, 답은 2가 된다. 이렇게 나눗셈은 뺄셈으로 환원될 수 있고, 뺄셈은 정수 덧셈으로 환원될 수 있으므로, 결국 2)는 나눗셈도 포함할 수 있는 개념이다.

곱셈과 나눗셈

곱셈과 나눗셈도 결국 정수 덧셈(즉, 덧셈과 뺄셈)으로 환원될 수 있다는 건, 사칙연산의 모든 과정은 결국 덧셈이라는 말과 다를 바가 없다. 이건 컴퓨터 상의 모든 연산이 0과 1의 문제로 환원된다는 것만큼이나 자명한 말이다. 그런데 모든 것이 결국 덧셈의 문제라면, 우리는 왜 굳이 곱셈과 나눗셈을 따로 정의하고 연산자도 따로 배정해 놓은 것일까?

정수 덧셈, 즉, 덧셈과 뺄셈과 다르게, 곱셈과 나눗셈에는 '몇 번'을 따지는, 그러니까 '횟수回數'라는 개념이 새로 나온다. 가령, '3 × 2'라고 했을 때, 뒤쪽 피연산자 2가 가리키는 건 '2 번' 혹은 '2 회'이다. 이건 '3 + 2'라는 연산에서 앞쪽 피연산자 3이나, 뒤쪽 피연산자 2가 독립적인 값value을 가리키는 것과 다소 다른 개념이다. 또한 '6 ÷ 3'이라는 연산에서 우리가 찾고자 하는 답은 횟수이다. 즉, 6에서 3을 '몇 번' 빼야 0이 되는가라는 질문인 것이다. 곱셈의 뒤쪽 피연산자, 그리고 나눗셈의 답은 결국 횟수를 나타내는 수이다.

따라서 곱셈과 나눗셈은 값들의 연산인 덧셈과 뺄셈과 달리 횟수를 위한 연산자라는 것을 알 수 있다. 사실 수학에는 다양한 연산자가 가능한데, 일반적으로 쓰는 연산자는 4개이고, 이를 '사칙연산'이라고 부른다. 수학에서 이 사칙연산을 중요시하는 이유에는 이 연산들이 모든 연산 중에서 가장 긴요하고 널리 쓰이는 연산이라는 의미가 있다. 특히 곱셈, 나눗셈에 횟수를 위한 특별한 기능을 부여한 것으로 미루어, 예전에 횟수 연산이 얼마나 일상 생활에 중요했는지를 알 수 있다.

가령, 하루에 23마리의 양을 먹는 고대 피라미드 노동자들에게 30일 동안 일을 시키려면 얼만큼의 양이 필요할까? 그건 23이라는 값에 30이라는 횟수를 곱하여 얻을 수 있는 값(즉, 690)과 동일하다. 이런 곱셈의 법칙은 23을 30번 직접 더하는 것보다 시간과 노력을 절약해 주는 것이 분명했다. 평생을 노력해 만들어 놓은 재산인 75자루의 금화를 세 아들들에게 분배하려면, 아들당 몇 자루의 금화를 가져가야 할까? 이 답은 75자루를 3명의 아들로 나누어 나온 값(즉, 25)과 동일하다. 이렇게 나눗셈을 이용하는 것이 각 아들들에게 한 자루씩 75번 분배해서 그 결과를 관찰하는 것보다 훨씬 나은 방법임은 분명하다.

그럼 다시 생각해 보자. '덧셈, 뺄셈만 알면 먹고 사는 데 지장 없다'는 말은 사칙연산에서 덧셈과 뺄셈만을 의도하는 것일까? 아니면 '사칙연산' 전부를 은연중에 포함하는 말일까? 확실한 건, 아무리 고등한 연산이 필요 없는 일상생활이라 하더라도, 덧셈, 뺄셈만 간신히 할 줄 아는 사람보다는 곱셈, 나눗셈까지 능숙하게 할 줄 아는 사람이 더 유리하다는 사실이다. 덧셈, 뺄셈은 모든 계산의 핵심이고, 모든 연산은 결국 덧셈으로 환원될 수 있다는 걸 우리는 알지만 그럼에도 불구하고, 덧셈, 뺄셈의 매크로_{macro} 함수인 곱셈, 나눗셈을 잘 아는 것이 생존에 더 유리하다는 것도 우리는 잘 안다. 원리만이 전부가 아니고, 그것의 응용도 매우 중요하다는 것, 그것이 사칙연산이 주는 교훈이다.

나눗셈

우리는 뺄셈이 자연수에 닫혀 있지 않아서 부득이 정수를 생각하지 않을 수 없다고 이야기했다. 이런 일은 나눗셈에도 일어난다. 물론, 곱셈은 정수에 닫혀 있다. 즉, 정수 곱하기 정수는 정수이다. 문제는 나눗셈이다. 가령, '6÷3'은 2이다. 하지만 '7÷3'는 어떨까? 7에서 3을 계속 빼면, 2번 정도 뺐을 때, 1이 남는다. 우리 모두 알다시피 1은 3보다 작은 수이기 때문에 3을 뺄 수 없다. 그래서 '7÷3'의 답은 '몫은 2, 나머지는 1'이라고 볼 수 있다.

하지만 연산의 결과가 몫과 나머지로 나누어지는 것은 올바르지 않고, 수학도 아니다. 그래서 결국 이것은 $2 + \frac{1}{3}$로 표현될 수 있고, 이것은 $\frac{6}{3} + \frac{1}{3}$'과 같으며, 이것은 또한 '$\frac{7}{3}$'과 같아서, 결국 동어반복이 된다. 즉, 문제가 곧 답이 되는 것이다.

가령, 눈금이 9개가 있는 톱니바퀴가 눈금이 3개 있는 톱니바퀴와 물려 있다고 해 보자. 눈금이 9개 있는 톱니가 한 바퀴를 돌면, 눈금이 3개 있는 바퀴는 3번을 돌게 될 것이다. 그럴 때, 이런 질문을 해볼 수가 있다. 눈금 3

개의 바퀴를 7번 돌리기 위해서는 눈금 9개의 바퀴는 몇 바퀴 돌려야 할 것인가?

눈금 9개의 바퀴를 2번 돌리면, 3개의 바퀴는 6번 돌게 된다. 9개짜리를 3번 돌리면, 3개짜리는 9번 돌게 된다. 즉, 9개짜리 바퀴는 2번을 돌리면 약간 모자라고, 3번을 돌리면 너무 많이 돌리게 되는 것이다. 따라서 9개짜리 톱니바퀴는 정수단위로 돌릴 수 없고, 2번 돌린 다음에 계속 돌리다가 한 바퀴 완전히 돌기 전의 어느 지점에서 멈춰야 한다. 이것이 바로 '7÷3'에서 생기는 문제와 같은 것이다.

이 문제를 해결하기 위해서 우리는 단지 '정수'만으로는 부족하다는 것을 느낀다. 그래서 우리는 우리의 수를 '실수(즉, 소수점 이하가 표현되는 수)'로 확장해야만 하는 것이다. 실수는 물레방아를 돌려 정확하게 방아를 찧어야 하는 사람이나 자전거 바퀴를 돌려 일정한 영역만큼 전진해야 하는 사람들에겐 반드시 필요한 수이다. 이 수가 일상생활에서 쓰이지 않을 수는 없다(우리가 무언가를 어림잡는다고 할 때는 사실 이 실수를 동원한 연산을 은연중에 한다고 볼 수 있다).

우리가 '덧셈, 뺄셈만 할 줄 알면'이라고 말할 때, 우리는 과연 어디까지를 의미하고 있는 것일까? 정말로 우리는 물건을 사고 거스름돈을 제대로 받을 줄만 알면 되는 세상에서 살고 있는 것일까? 아니면 정밀한 실수 계산도 능숙하게 해 내는 사람들이 환영 받는 세상에서 살고 있는 것일까?

한글의 수학

2009년쯤 되었을 것이다. 나는 그 때 근무하던 영어학원의 책상에 우두커니 앉아 있었다. 마지막 수업이 끝난 지도 한참 된 야심한 새벽이었다. 옆에서 보면 멍청하게 넋 놓고 있는 것처럼 보였겠지만, 머리 속에는 한글을 파자破字하여 자모子母(자음과 모음)로 분리할 수 있는 방법들에 대한 생각이 이것저것 지나가고 있었다. 그런 게 가능한지, 가능하다면 어떻게 해야 하는 건지 여러 가지 아이디어들이 떠올랐다 사라졌다. 하고는 싶은데 어떻게 할 지 모르는 목표가 생겼을 때, 가장 먼저 극복해야 하는 것이 바로 '두려움'이다. 여하튼 제일 먼저 드는 생각은 '내가 과연 할 수 있을까?'였다.

누구나 실패의 경험이 있다. 그리고 성공의 경험도 있다. 하지만 실패의 경험은 성공의 경험을 압도한다. 그리고 어떤 실패는 사람을 질리게 하고, 주눅들게 한다. 성공만큼이나 중요한 게 실패의 경험이 아닌가 싶다. 예전 사람들은 주변에서 누군가가 실수를 하거나 실패를 하면 있는 말 없는 말을 다 동원해서 그 사람을 모욕하고 꾸짖는 것이 약이 된다고 믿었다. 실패의 쓰라림을 알아야 성공을 간절히 원하게 된다는 논리다. 개인적으로는 그 의견에도 약간의 타당성은 있다고 생각한다. 영어학원에서 학생들을 가르치면서 느낀 거지만, 실패를 격려하게 되면, 그 격려에 안주하거나, 그 격려를 바라고 일부러 실패하는 경향도 없진 않다. 확실히 실패를 축하해선 안 된다. 실패는 맛이 쓴 음식이어야 하는 것이다.

하지만, 실패도 잘 해야 한다고 믿는다. 지나치게 강한 비난을 반복적으로 듣다 보면 그것이 성공을 향한 열망으로 화하기 보다는 좌절과 무기력으로 나아갈 수가 있기 때문이다. 그리고 그렇게 완전히 주저앉은 사람은 평생 그 트라우마를 안고 살아가게 되며, 그 트라우마가 있는 한, 같은 문제에 부딪혔을 때, 도전하지 않고 포기할 가능성이 비교적 높아진다. 우리 사회가 보여주고 있는 '영어에 대한 공포', 그리고 '수학에 대한 공포'도 그러한 트라우마의 귀결일 수 있다.

나는 한글을 자모로 분리하는 과제를 스스로에게 부과하면서 어린 시절의 좌절이 다시 떠올라 나를 옥죄는 것을 느꼈다. 그런 트라우마는 새로운 것에 대한 도전이 필요한 상황에서 늘 나를 괴롭혔다. 어린 시절의 실패의 기억들, 그리고 그것을 꾸짖는 가족들, 친구들의 비웃음, 그리고 계속된 실패... 나를 조롱하기 위해 실패를 예측하고 당연시하는 자들 앞에서 그것을 증명해 버리는 나... 어린 시절의 나약한 내가 겪었던 크고 작은 실패의 기억들은 나의 기억 깊은 곳에 잠복해 있다가, 내 인생의 중요한 순간마다 나타나 나를 괴롭혔다.

'내가 할 수 있을까?' 스스로에게 묻는 이 질문에 '까짓 것 그냥 해보지, 뭐!'라고 대응하기엔, 실패에 대한 기억은 여전히 너무 생생했다. 성공했을 때 얻을 수 있는 보상의 불확실성에 비해, 실패했을 때 다시 겪어야 하는 스스로에 대한 실망, 자기 혐오로 인한 상처는 너무나 확실했다. 그래서 어쩌면 내가 개발자로서의 커리어를 쌓는 과정은 한 계단 한 계단 이런 심리적 압박에 대한 도전의 과정이었는지 모른다. 개인이 자신의 내면과 벌이는 이 고독한 싸움은 삶이 계속되는 한 끝나지 않을 것이다.

내 뇌 속의 어딘가에 공포가 간직되어 있는 것은 세상이 나에게 준 기억이고, 사라지지 않을 기억이라는 점에서 실존적 '사실fact'이다. 하지만 내가 세상과 만나기 전에 나에게 주어진 것은 나의 '성질', 혹은 '성격'이다. 세상이 나에게 공포를 심었지만, 여하튼 그 공포를 만났을 때 내가 맞서느냐, 굴복하느냐는 온전히 내 성격에 달려 있는 것이다. 많은 사람들이 공포에 굴복한다. 하지만 그렇다고 하더라도 공포가 곧 굴복은 아니다. 적어도 나에게는 그렇다. 나는 무모한 일을 하고, 공포에 맞서는 내 안의 기제機制가 있다. 그러니까 내 안엔 공포도 있고, 그 공포에 맞서는 능력도 있는 것이다. 위기 때마다 공포가 올라오는 것도 사실이지만, 공포가 올라올 때마다 도전의 정신이 솟구치는 것도 엄연한 사실이었다.

나는 공포를 씻어내고 한글을 자모로 분리하는 솔루션에 착수했다. 내가 기억하기로는 이 작업이 내가 한 최초의 독창적인 솔루션 작업이라고 생각한다. 한글을 자모로 분리하는 작업이 독창적인 것이 아니라, 작업의 성격 자체가 독창적이라는 말이다. 내가 그 동안 해 왔던 일들은 대부분 특정한 언어와 특정한 플랫폼을 사용하여 자료를 생성하고. 자료를 DB에 저장하고, 그것을 다시 불러다가 화면에 출력하는 범주에서 벗어나지 않았다(그것만으로도 쉽지 않은 작업인 건 맞다). 나는 그런 루틴routine한 작업과 솔루션 작업 사이에 놓여 있던 공포의 선을 넘음으로써 '일반 개발자'에서 '솔루션 개발자'로 다시 태어나는 계기를 만들었던 것이다.

가장 먼저 착안한 것은 '글자는 어떻게 화면에 출력되는가'하는 것이었다. 내가 키보드를 누르면, 화면에 내가 누르는 자음과 모음이 조합되어 최종적인 글자가 만들어진다. 키보드에서 보내진 전자신호는 컴퓨터의 운영체제로 전달되어 '메세지큐_{message queue}'라는 곳에 쌓인다. 그리고 운영체제는 그 정보를 순서대로 특정 애플리케이션에 전달하게 되고, 그 애플리케이션은 그 자음과 모음의 정보를 받아 글자를 조합하게 되는 것이다. 이러한 과정은 평범한 개발자라면 누구나 잘 알고 있는 사실이다. 중요한 것은 애플리케이션은 어떻게 글자를 만드는가 하는 것이다.

나는 운영체제가 자음과 모음의 정보를 주는 것에서부터 시작하기로 했다. 만약 내가 'ㄱ'과 'ㅏ'라는 개별적인 정보를 받는다면, 나는 그것을 어떻게 '가'라고 출력할 수 있을까? 이 부분을 해결하는 일이 이 솔루션 작업의 핵심이 될 것이었다.

우리가 'ㄱ'과 'ㅏ'를 키보드를 입력하면 이진수의 숲(?)을 지나 컴퓨터 화면에 '가'가 출력된다.

나는 마치 21세기에 새로 태어난 괴델Gödel처럼 내가 받은 글자 정보에 '괴델 수Gödel number(GN)'와 같은 '고유의 숫자'를 붙이는 상상을 해 보았다. 컴퓨터는 출력되는 문자가 무엇이든 그것을 숫자로 환원하여 알고 있을 게 뻔했다. 컴퓨터의 언어는 0과 1로 이루어져 있고, 0와 1로 이루어진 모든 자료는 그저 숫자일 뿐이다. 다만 같은 숫자라 하더라도, 그것을 숫자로 인식하는 것과 문자로 인식하는 것의 차이가 있다. 이것은 우리 인간의 감각기관 정보와도 비슷하다. 우리는 눈으로, 코로, 입으로, 귀로 정보를 인식하는데, 그 정보들은 결국 전자신호가 되어 뉴런을 통해 뇌로 간다. 단지 정보의 질로 보면 모두 전자신호일 뿐이어서 차이가 없다. 다만, 뇌는 이 정보가 어디서부터 전달되었는지는 인식한다. 코에서 온 건 후각정보로 처리하고, 눈에서 온 건 시각정보로 처리한다. 만약 귀에서 온 정보를 입에서 온 정보로 처리한다면 우리는 특정한 소리를 들을 때마다 괴상한 맛을 느끼게 될 것이다. 이런 감각 교란현상은 아마도 뇌에 심각한 상처를 입은 사람들은 이해할 수 있을지 모른다. 여하튼 컴퓨터에 전달된 정보는 모두 숫자이다. 그 숫자를 숫자로 출력하느냐 문자로 출력하느냐는 그 때 그 때의 판단에 달려 있는 것이다.

문제는 'ㄱ'과 'ㅏ'와 같은 자음과 모음에 번호를 붙인다는 것과 그것들의 연산이 '가'가 되느냐는 별개의 사실이라는 것이었다. 가령, 'ㄱ'을 1이라고 하고, 'ㅏ'를 2라고 했을 때, 1+2=3이므로, '가'는 3이 될 것이다. 그럼 'ㄴ'은? 3을 피해 '4'가 되어야 하는가? 그럼 4+1=5니까 '나'는 5가 되어야 했다. 그럼 모음 'ㅐ'는? 그 수를 피하기 위해 6이 되어야 하는가? 그러다가 'ㄷ'에 7을 붙이면, 'ㄱ'과 'ㅐ'라는 정보는 '1+6=7'이 되어 'ㄷ'을 출력해야 한다는 말인가? 이런 식의 귀에 걸면 귀걸이, 코에 걸면 코걸이 식 넘버링 numbering(숫자 붙이는 행위)은 사실 아무 것도 의미하지 않을 것이고, 그 체계성을 담보할 수 없는 것은 자명했다.

이 시스템의 올바른 체계를 담보하는 효율적인 방법은 자음은 자음대로의 수 체계를 가지고, 모음은 모음대로의 수 체계를 가지고 있어야 했다. 그리고 그런 체계는 아마도 모든 상식적인 개발자들의 동의를 얻을 수 있어야 할 것임이 분명했다. 나는 곧 내 스스로 자모에 대한 체계를 잡는 것보다 현재 컴퓨터의 한글을 구성하고 있는 체계를 알아내는 것이 현명하다는 결론에 이르렀다. 아마도 나 이전에도 한글에 대해 고민한 수많은 개발자들이 있었을 것이고, 그들의 노력으로 현재 유니코드의 체계가 구성되었을 것이기 때문이었다.

나는 이 작업을 자바스크립트로 진행했는데, 다행히 자바스크립트에는 문자를 유니코드 숫자로 출력해 주는 API가 있었다. `String.charCodeAt(index)`라는 함수였는데, 이런 식으로 쓰면 된다:

```
"가".charCodeAt(0);
//결과: 44032
```

내 예상대로 컴퓨터는 특정 문자에 해당하는 고유 번호를 가지고 있었다. 'ㄱ'과 'ㅏ'는 어떨까?

```
"ㄱ".charCodeAt(0);      //결과: 12593
"ㅏ".charCodeAt(0);      //결과: 12623
```

마찬가지로 고유한 숫자를 가지고 있었다. 나는 즉각적으로 이 숫자들이 일정한 흐름으로 이루어져 있는지 검사에 착수했다. 가령 'ㄱ'이 12593이라면, 'ㄴ'은 12594일까?

```
"ㄴ".charCodeAt(0);      //결과: 12596
```

예상과는 차이가 있었다. 'ㄱ'은 12593인데, 'ㄴ'은 12596이라니... 둘 사이에 다른 문자라도 있는 것일까? 나는 자바스크립트 문서를 참고해서 혹시 유니코드 숫자를 문자로 바꿔주는 함수가 있는지를 찾아 보았다. 당연한 이야기지만, 없을 리가 없었다. String.fromCharCode(number)라는 API가 존재했다.

사실, 문자가 숫자로 환원될 수 있다면, 그 이후부터는 문제가 거의 해결된 것이나 다름이 없다고 보아도 된다. 컴퓨터는 숫자를 다루는 기계이기 때문이다. 나는 이 API를 이용해서 12593부터 12622까지의 문자를 출력해 보았다.

ㄱㄲㄳㄴㄵㄶㄷㄸㄹㄺㄻㄼㄽㄾㄿㅀㅁㅂㅃㅄㅅㅆㅇㅈㅉㅊㅋㅌㅍㅎ

'ㄱ'과 'ㄴ' 사이에는 'ㄲ'과 'ㄳ'이 있었다. 약간 당혹스러웠지만, 유니코드의 조판식을 존중하기로 했다. 나는 한글 지식이 부족하고, 적어도 나보다 먼저 고민한 사람들이 만들어 놓은 조판식이었기 때문이다. 나만의 새로운 걸 만드는 것보다 남들이 미리 만들어 놓은 걸 받아들이는 게 더 이익일 때는 지체 없이 그렇게 해야 한다. 그러하지 않았을 때 얻을 것은 '재앙'뿐이다.

모음은 어떠할까? 같은 방식으로 'ㅏ'에 해당하는 12623부터 죽 출력해 보았다.

ㅏ ㅐ ㅑ ㅒ ㅓ ㅔ ㅕ ㅖ ㅗ ㅘ ㅙ ㅚ ㅛ ㅜ ㅝ ㅞ ㅟ ㅠ ㅡ ㅢ ㅣ

모두 21개의 모음이 있음을 알게 되었다. 이제 마지막으로 남은 것은
'가'부터 출력했을 때, 과연 몇 글자가 출력되는가 하는 것이었다. 마찬가지
방식으로 '가'부터 죽 출력해 보았다.

가각갂갃간갅갆갇갈갉갊갋갌갍갎갏감갑값갓갔강갖갗갘같갚갛개객갞갟갠갡갢갣갤갥
갦갧갨갩갪객갭갮갯갰갱갲갳갴갵갶갷갸각갺갻갼갽갾갿걀걁걂걃걄걅걆걇걈갛
…(중간생략)…
흫흥흦흧흨흩흪흫희힉힊힋힌힍힎힏힐힑힒힓힔힕힖힗힘힙힚힛힜힝힞힟힠힡힢힣히힉
힊힋힌힍힎힏힐힑힒힓힔힕힖힗힘힙힚힛힜힝힞힟힠힡힢힣

유니코드 상으로 한글은 '가'에서 시작해서 '힣'으로 끝나는 것을 알 수
있었다. '힣'의 고유번호는 55203이었다. 따라서 유니코드 상에 존재하는
한글 표현은 모두 55203 − 44032 + 1 = 11172 개가 되는 것도 아울러 알
수 있었다.

이렇게 나는 자음과 모음의 모든 고유번호들을 알게 되었고, 모든 한글
문자의 고유번호들도 알게 되었다. 그리고 무엇보다 자음과 모음, 그리고
한글문자들 사이에는 아무런 연관관계도 없다는 것도 아울러 알게 되었다.
그들은 조판부호 상에서 그냥 일정한 자리를 차지하고 있을 뿐, 어떤 연관
관계를 가지고 배열되어 있는 것이 아니었던 것이다.

이제는 자모와 한글과의 상관관계를 내가 직접 만들어야 할 시간이었
다. 그리고 누구도 부정할 수 없이 이제부터는 '수학'의 시간이
었다.

하나, 둘, 셋, 그리고 많다

개발자들은 늘 영어로 타이핑을 하기 때문에, 영어를 잘 할 거라는 오해를 받는다. 영어를 잘 하는 사람이 개발을 하면 유리한 건 사실이다. 하지만 개발 잘 하는 사람이 영어를 잘 하진 않는다. 마찬가지로, 개발자들은 이과 출신들이 많고, 컴퓨터가 계산기라는 의미를 가지고 있다는 이유로 개발자들은 수학을 잘 할 거라는 오해를 받는다. 수학을 잘 하는 사람이 개발을 하면 유리한 건 사실이다. 하지만 좋은 개발자들이 모두 수학을 잘 하는 건 아니다. 결론적으로 말하자면, 영어는 영어를 잘 하는 사람이 잘 하고, 수학은 수학을 잘 하는 사람이 잘 한다.

그토록 찾기 어렵다는 '수학을 잘 하는 사람'들 조차도 다음의 명제에 금방 수긍하는 사람은 몇 안 된다:

1) 짝수는 자연수와 그 수가 같다.

모두 알다시피 짝수는 자연수의 부분집합이다. 만약 1)이 맞는다면 짝수가 곧 자연수인 것이다. 이게 말이 되는가?

하지만 1)은 진실이다. 짝수를 2로 나누면 자연수가 된다. 그리고 그 대응은 무한대로 간다. 끝이 없으므로, 누가 나서서 자연수가 이겼다고, 혹은 짝수가 졌다고 말할 수가 없다. 이와 같은 이유로 다음도 성립한다:

2) 홀수는 자연수와 그 수가 같다.

엄청난 논리적 비약이 아닐 수가 없다. 짝수도 자연수와 같고 홀수가 자연수와 같다는 건, 자연수 안에 '자연수×2'라도 들어 있다는 이야기인가? 하지만 2)도 또한 사실이다. 홀수에 1을 더하면 짝수가 되고, 짝수에 2를 나누면 자연수가 되므로 '(홀수+1)÷2'라는 중간 함수를 매개로 홀수는 자연수와 같은 것이다.

여기까지도 매우 충격적인 이야기겠지만, 더욱 충격적인 소식이 기다리고 있다. 짝수가 모든 자연수와 1대1 대응이 가능하므로 자연수와 수가 같듯이, 홀수는 0을 포함한 모든 음의 정수와 1대1 대응이 가능하므로(홀수에 1을 더하고 2로 나눈 뒤, 다시 1을 빼면 0을 포함한 모든 음의 정수와 대응이 된다), 결국 모든 자연수는 정수와 1대1 대응이 가능하다. 따라서 다음과 같이 말할 수 있다:

3) 정수는 자연수와 그 수가 같다.

믿기지 않겠지만 믿어야 한다. 위에서 한 증명은 오류가 없고, 이런 개념은 수학에서 '가산집합countable set'이라고 명명한 것이다. 그럼에도 불구하고 뭔가 찝찝한 느낌을 가지고 있다면, 그 책임은 '무한대'라는 녀석에게 있다고 생각하면 될 것이다. 우리는 유한집합의 성질은 비교적 잘 알고 있지만, 무한집합과 그 연산에 대해서는 잘 모르고 있기 때문이다. 여하튼 '상식'에 반하는 이런 결론들은 정작 수학에서는 '상식'과도 같은 이야기다(이러니까 수학이 대중들의 외면을 받은 게 아닐까 싶긴 하다).

무한이든 유한이든 자연수와 일대일 대응을 만들 수 있으면 모두 '가산집합'이라고 할 수 있다. 그러므로 '유리수'도 가산집합이다. 중등교과과정을 어느 정도 진지하게 지나 온 사람이라면 '유리수'가 보통 분수로 나타낼 수 있는 수라는 것을 안다. 더 정확하게 말하면 분자는 정수, 분모는 0이 아닌 정수로 만들 수 있는 분수를 '유리수'라고 하는 것이다. 역시 정수가 무한하므로 이 분수도 무한히 만들 수 있는데, 그렇다면 이 유리수는 '자연수와 그 수가 같'을까? 즉, 유리수는 '가산집합'일까?

그렇다. 유리수도 가산집합이고, 자연수와, 짝수와, 홀수와 정수와 그 수가 같다.

수의 조밀성

0과 1사이에는 무수히 많은 수가 존재한다는 것을 우리는 알고 있다. 그 안에는 유리수도 무수히 많고(분모가 분자보다 큰 분수는 모두 이 안에 있다), '무리수'도 무수히 많을 것이다(참고로 무리수는 유리수가 아닌 실수를 의미한다). 실수는 소수점 이하를 가지고 있는 수를 가리키는데, 실수는 유리수와 무리수로 구성되어 있다.

유리수는 무한대지만 셀 수 있다고 말했다. 그럼 무리수는 셀 수 있을까? 실수가 유리수와 무리수로 구성되어 있다는 것을 얼핏 아는 사람들도 무리수가 '대수적 수algebraic number'와 '초월수transcendental number'로 구성되어 있다는 것은 잘 모를 수도 있다(나는 문과라서, 혹은 내가 무지해서 인생의 대부분을 모르고 살았다). 대수적 수라는 것은 비록 유리수는 아니지만 '식으로 만들 수 있는' 수를 뜻한다(전문적으로 말하면 '다항방정식의 해가 될 수 있는 수'이다). 유리수는 무한소수일 수 있기 때문에 직접 쓸 수 없을 때가 있다. 그런 경우에는 그저 분수로만 표시한다. 예를 들면 $\frac{1}{3}$은 0.3333...인데, 그저 분수로 표시하는 게 간략하고 좋을 것이다. 대표적인 무리수 중의 하나인 '$\sqrt{2}$'는

$x^2=2$ 라는 방정식의 해이므로, '$\sqrt{2}$'라고 표시하지 않으려면 그저 식으로 표현하는 수밖에 없다. 이렇게 방정식으로나마 표시할 수 있는 수를 '대수적 수'라고 하는 것이다. 이 대수적 수도 역시 가산집합으로 알려져 있다. 즉, 자연수와 개수가 같다.

하지만, 방정식으로조차 표시할 수 없는 수를 초월수라고 하는데, 이 초월수에는 자연상수 e, 원주율 π 등이 있다. 방정식으로조차 표시할 수 없어서 이렇게 기호를 붙여 놓을 수밖에 없는데, 초월수는 만드는 것도 어렵고, 또 어떤 수가 초월수임을 증명하는 것도 어렵다. 그런데 놀랍게도 이 초월수는 '비가산집합'에 속한다. 즉, 자연수로는 1대1 대응을 시킬 수 없고, 그러므로 자연수보다 많다. 자연수보다 많으므로, 홀수, 짝수, 정수, 유리수, 대수적 수보다 많은 것이다. 아이러니하게도 이렇게 많은 수를 우리는 일상생활에서 거의 쓰지 않는다.

수의 체계 중에서 가장 포괄적인 개념을 '복소수'라고 부른다. 복소수는 실수와 허수를 포함하는 개념인데, 지나치게 전문적인 걸 피하기 위해 허수를 제외하면, '실수'가 우리가 다루는 가장 큰 개념일 것이다. 실수는 '비가산집합', 즉, 셀 수 없는 집합이라고 하는데, 그 이유는 실수를 구성하는 유리수와 무리수 중에서 무리수가 비가산집합이기 때문이고, 무리수가 비가산집합인 이유는 무리수를 구성하는 '대수적 수'와 '초월수' 중에서 초월수가 비가산집합이기 때문이다. 그러므로 결론적으로 말하면 모든 수의 체계 중에서 비가산집합은 '초월수' 밖에 없다고 생각해 볼 수 있다.

우리가 '가산'과 '비가산'을 계속 이야기하고 있지만, 어느 수가 비가산임을 증명하는 것이 훨씬 재미있다. 실수가 비가산임을 증명하는 데는 여러 방법이 있는데, 수학적으로 엄밀하게 증명하는 것은 매우 고통스러운 일이고, 쉽게 설명하자면 이렇다. 일단 가산집합이 되려면, 무조건 '이산집합 discrete set'이어야 하는 것이다. 왜냐하면, 자연수와 어느 수를 1대1 대응시키려면 자연수 1과 2에 해당하는 수가 있어야 하고, 그 두 수 사이에는 다른 수가 있어서는 안 되는 것이 자명하다. 예를 들어, 짝수 2를 1에 대응시키고, 짝수 4를 2에 대응시키면, 짝수 집합에서 2와 4 사이에는 어떤 수도 존재할 수 없다. 이건 자연수 1과 2 사이에 다른 자연수가 없어야 하는 것과 같은 것이다. 자연수가 이산집합이기 때문에, '가산집합'은 무조건 이산집합이어야 한다.

그러나 실수는 그렇지 않다. 실수는 어떤 방식으로도 이산적으로 늘어놓을 수가 없는 것이다. 내 능력으로는 증명할 수 없지만, 수학자들에 의하면 '대수적 수'는 늘어 놓을 수 있다고 한다. 즉, 대수적 수는 이산수인 것이고, 이 말은 어떤 대수적 수와 그 다음의 대수적 수 사이에는 다른 수가 들어갈 수 없음이 증명되어 있는 것이다. 하지만, 실수는, 다시 말하면 '초월수'는 초월수와 초월수 사이에 다른 수가 없음을 증명할 수가 없다. 아무리 잘게 초월수와 초월수를 늘어 놓아도 그 사이에는 다른 초월수가 존재할 수 있는 것이다.

게오르그 칸토어

칸토어_{Georg Cantor}는 러시아 상트페테르부르그에서 1845년(조선 현종 11년)에 태어난 위대한 수학자였다. 보통 위대함이나 천재성은 '혁신성'을 포함한다고 했을 때, 그의 혁신성은 '무한대infinity'에 대한 통찰과 헌신이었다. 무한은 무한해서 알기 어렵다는 이유로 인류의 지식 세계의 어두운 곳에 방치되어 있었지만, 칸토어가 나타나 과감하게 그 어둠에 불을 밝혔다고 볼 수 있다.

'무한'에 대해 생각하는 건 지금의 상식으로도 매우 어려운 일이다. 위에서 우리가 언급한 자연수와 가산집합, 그리고 비가산집합에 대한 아이디어는 모두 칸토어가 시작한 것이다. 실수가 자연수보다 크다는 것을 포함하여, 무한집합끼리의 위계, 즉, 크기 차이가 있음을 섬세하게 증명하였고(이를 대각선 논법diagonal argument이라 한다), 그로 인해 '무한집합'을 바라보는 인류의 시선에 일정한 체계를 잡아 준 공헌이 있다. 그가 말년에 제시한 '연속체 가설continuum hypothesis'은 '실수보다는 작고 자연수보다는 큰 수집합이 있을 수 있는가'에 대한 것이었는데, 끝내 증명하지 못하고 1918년(조선에서 3.1 운동이 있기 한 해 전)에 정신병원에서 사망하였다. 무한대에 대한 그의 증명법은 힐베르트, 라마누잔, 러셀, 괴델, 그리고 튜링으로 이어지는 매우 중요한 수학적 흐름을 낳았고, 지금껏 우리 삶에 큰 영향을 미치고 있다.

직선적으로 생각하면

자연수 a의 다음 수는 a+1이라고 할 수 있다. 그러나 실수 b의 다음 수는 사칙 연산으로 정의할 수 없다. 마치 자연수의 끝 수를 확정할 수 없는 것처럼(확정한 자연수의 끝을 n이라고 하면, 우리는 즉시 n+1로 그게 끝이 아님을 반증할 수 있다), 실수의 다음 수는 '비록 존재한다 하더라도' 절대 무어라고 말할 수 없는 것이다(존재하는데 말할 수 없다). 이것이 실수가 자연수보다 큰 집합인 이유고, 연속수와 이산수와의 차이고, 어쩌면 실제 세계와 디지털 세계의 차이라고 할 수 있을 것이다.

컴퓨터는 실수를 다루기보단 이산수를 다루기로 했다. 컴퓨터를 만든 우리의 선배 인류들은 이렇게 컴퓨터의 한계에서 컴퓨터의 위대성을 정의했다. 다른 식으로 말하면, 컴퓨터 연산은 그 한계를 인식했기 때문에 위대한 기계가 될 수 있었던 것이다. 수학자들이 실수 연산을 고집했다면, 컴퓨터가 탄생하긴 어려웠을 것이다. 하지만 컴퓨터가 실수가 아닌 이산수를 택했다고 해서 그것이 컴퓨터의 단점이 되진 않았고, 지구상에서 이산수 연산을 가장 정확하고 정밀하게 할 수 있는 존재가 되었다(컴퓨터가 있기 전에는 오랑우탄이나 침팬지 등의 경쟁자를 물리치고 '인류'가 그 자리를 차지했다). 수학적으로야 이산수가 실수보다 정밀하지 않다고 증명할 수 있겠지만, 컴퓨터가 계산하는 정도의 정밀성이면, 인간이 지구 안에서 혹은 가까운 범위의 우주 공간 안에서 모든 물체를 관찰하고 묘사하는 데는 아무런 지장이 없다.

무한대와 실수를 탐구한 수학자들은 컴퓨터를 위해서 큰 방을 만들었고, 컴퓨터는 그 안의 '작은 공간'에서 자기 일을 다 하고 있다. 때로는 일을 크게 벌이는 것보단, 작은 것에 만족함으로써 더 위대한 결과를 낳을 수 있는 것이다. 통계를 내보진 않았지만 현대사회에선 미적분보다는 이산수학을 배우고 활용하는 사람의 평균 임금이 훨씬 높을 거라고 생각한다. 그런 의미에서라면 적어도 이산수학이 미적분보다는 인류의 보편적 복지에 더 기여했다고 보는 게 맞지 않을까?

여기에 이산수학과 마찬가지로 연구의 범위를 한정했기 때문에, 최근 더 크게 각광받는 수학 분야가 있다.

선형에 대하여

우리말에서 보통 선(line)이라 하면 직선과 곡선을 다 포함한다. 그런데 '선형(line shape)'이라고 하면, 보통 곡선이 아닌, 직선을 가리킨다고 생각하면 된다. '선형'이라는 명사 개념으로 쓰기 보단 '선형의(linear)'라는 형용사적 의미로 주로 쓰이고, 이 말은 '직선의'라고 생각하면 된다.

우리말로 '직선'적이라고 하는 말은 다소 오해가 있을 수도 있다. 일반 사람들은 직선이라고 하면 가느다랗고, 얇으며, 곧게 뻗어 있는 선만을 의미하기 때문이다. 하지만 수학에서 '선형'이라고 하면, 그런 식의 직선을 포함해서 평평한 '판자'를 의미할 수도 있다. 판자는 면적이 있지만, 곧게 뻗어 있다. 혹은 더 고차원적으로는 곧게 뻗은 육면체를 의미할 수도 있고, 더 차원을 높이면, 다른 것을 의미할 수도 있다. 때문에 '직선'이라는 말보다는

'선형'이라는 개념을 쓰는 게 오해의 소지를 없애는 데 좋을 거라고 생각한다. 직선은 선형의 일종이고, 선형을 이해하는 좋은 예이다.

수학자들이 '선형'을 정의하는 방법이 있긴 한데, 그런 것들은 여기서 묘사하기 적절치 않은 것 같다. 이 글을 읽는 사람들은 수학자들도 아니고, 수학에 약간의 조예가 있다 하더라도, 그런 정의를 반가워 하진 않을 것이기 때문이다. 그런 의미에서 선형에 대한 수학적 정의를 여기에 기술하는 건 결국 아무 것도 기술하지 않는 것이나 마찬가지다. 그러니 혹시나 선형에 대한 더 엄밀한 증명을 원하는 사람은 인터넷을 뒤져 보거나, '선형 대수학linear algebra' 관련 서적을 참조하길 권한다.

다만, '정의'가 아니라, 다른 방식으로 '선형'을 '수학적'으로 이해해 볼 수는 있고, 그게 많은 사람들에게 도움이 될 것 같다. 우리나라는 보편 교육을 지향하고 있으므로 중학교 과정을 이해한 사람이라면 누구나 '일차 방정식'에 대해서는 대략적으로 알고 있다. 이 때 '일차'니 '이차'니 하는 말은 미지수의 '차수'를 가리키는 말인데, 미지수가 x이면 일차는 x, 이차는 x^2, 삼차는 x^3 등등의 방식으로 표현한다. 수학적으로 선형이라는 말은 미지수가 모두 '일차'일 때만을 가리킨다.

가령, y=x+1이라는 익숙한 방정식의 경우도 미지수 x, y가 모두 차수가 1이고, 그래서 1차 방정식이라고 부른다. 둘 중 하나가 제곱을 가지고 있으면 '이차 방정식'이라고 할 것이고, 둘 다 제곱이면, '원의 방정식'에서 다루게 될 것이다. 그러나 둘 다 1차이므로 우리는 이 방정식을 '선형 방정식'이라고 부른다. 중고교 과정에서는 선형 방정식을 y에 대한 식으로 묘사하는 방식을 즐겨 쓰는데, 이것은 미지수 중 하나(즉, y)의 '계수coefficient'를 없애서 방정식을 좌표평면에 그리기 쉽도록 하는 방식이다. 하지만 같은 방정식이라면 선형 방정식에서는 y−x−1=0 혹은 y−x=1 과 같이 미지수를 평등하게 대하는 표기법을 주로 쓴다. 미지수 자체보다는 미지수의 계수에 더 관심이 많기 때문이다.

차원에 대하여

재미있는 것은 선형 방정식에 있는 미지수의 개수가 차원dimension을 이룬다는 것이다. 우리가 일상 생활에서 '일차원적이다', 혹은 '사차원이다'라고 이야기하는 것은, 세상은 삼차원이므로, 일차원처럼 단순하다, 혹은 사차원처럼 엉뚱하다(삼차원으로는 이해할 수 없다)는 식의 용법으로 사용하는 것이다. 그러니까 차원이 인간의 성격을 묘사하는 말로 전용되어서 쓰이는 것인데, 정확하게 수학적으로 차원을 정의하면, '선형 방정식에서 미지수의 개수'라고 할 수 있을 뿐이다(사실 이런 정의도 이해하기 쉽게 표현한 것일 뿐, 더 정밀하게 규정할 수도 있다).

가령, y=x+1이라는 방정식을 시각적으로 묘사하기 위해서 우리는 x축과 y축으로 구성된 '좌표평면'을 우선 생각하게 된다. 방정식에 미지수가 2개가 있기 때문이다. 그리고 이런 '좌표평면'을 다른 말로 '2차원 평면'이라고 하는 것이다. 초등학교 수학에 나오는 것처럼 수평선 하나만 그린다면 그것을 '일차원 공간'이라고 얘기해도 무방하다. 그리고 중요한 것은 x축과 y축은 원점에서 '직교orthogonality'한다는 것이다. 직교한다는 말은 축과 축이

90도의 각도를 이루고 있다는 말이다(직교성과 그 성질에 대해서도 더 자세한 논의가 가능하다).

축이 이렇게 직교한다는 것은 다른 식으로 표현하면 '방향이 유의미하게 다르다'는 것을 의미하는 데, 미지수간에는 이렇게 '방향이 다르다는 측면에서 미지수를 따로 '벡터vector'라고 부르기도 한다. 이런 관점에서는 미지수가 곧 방향이고, x값이 3이라는 것은, x축 방향으로 3만큼 전진했다는 것을 의미한다. x를 양적으로 정의하는 것이나, 혹은 방향으로 정의하는 것은 비슷하기도 하고, 다르기도 하지만, 보통 연산 결과는 동일하다. 어찌 보면 동일한 현상에 대한 다른 표현(혹은 해석)일 수도 있는 것이다(물론, 벡터에 대해서도 더 전문적인 정의와 논의가 존재하며, 선형 대수학의 중요 개념이기도 하다).

보통 사람들은 '사차원'이라고 하면, 일반 상식으로는 이해하기 힘든 세상, 사건, 사람의 행동을 의미하는 것이다. 예전에 어린이들이 즐겨 보던 '이상한 나라의 폴'이라는 만화 영화가 있다. 1976년에 일본에서 방영되던 것을 수입해서 1977년 TBS, 1986년 KBS, 1996년 SBS, 2009년 EBS에서 각각 방영한 적이 있고, 내용과 주제가가 비교적 널리 알려진 콘텐츠이다. 이 주제가의 가사 중에는 '어른들은 모르는 사차원 세계'라는 구절이 있는데, 만화의 주인공 폴은 찌찌(KBS판, TBS판에선 삐삐, 원작에선 팟쿤)의 도움으로 매 회 이 사차원 세계로 가서 대마왕과 버섯돌이에 맞서 싸우는 스토리를 가지고 있다.

물론 우리가 사는 우주 공간이 삼차원인 건 맞지만, 그렇다고 삼차원보다 큰 사차원이 신비한 세계는 아니다. 엄밀하게 말하면, 사실 우리는 위도,

경도, 깊이와 더불어 '시간'이라는 네 가지 축을 가진 사차원의 세계에 살고 있는 것이다.

선형 방정식에선 단지 미지수의 개수를 차원이라고 이야기할 뿐이므로, 미지수의 개수가 열 개, 스무 개, 혹은 천 개, 만 개를 넘어, n개의 차원까지 확대될 수 있다. 다만, 우리가 살고 있는 이 세계가 삼차원이고, 우리의 지각능력으로는 삼차원 이상을 표현할 방법이 없으므로, 사차원 이상은 보지 못했을 뿐, 수리적으로는 얼마든지 좌표를 잡고, 직교선을 확인하고, 좌표끼리의 거리를 계산하는 것이 가능하다.

차원의 이야기를 할 때 꼭 빼놓을 수 없는 것 중의 하나는 차원이 서로 환원 가능한가 이다. 가령, 4차원이 2차원이 될 수 있고, 1차원이 5차원이 될 수 있는가의 문제인데, 결론적으로 말하면, 얼마든지 가능하고, 이걸 가능하게 만들어 주는 체계적인 방법이 바로 '선형 대수학'이다. 수학 공식을 빼고, 쉽게 차원끼리의 교류를 설명해 본다면 이렇다.

가령 일차원 선분에 점을 몇 개 찍은 다음 이것을 2차원으로 확장시키려면, 단지 세로축을 하나 더 추가하면 된다. 일차원일 때는 1, 2, 3, ...으로 표시되던 좌표들이 (1,0), (2,0), (3,0), ...으로 표시될 것이고, 이것은 이차원 좌표가 되는 것이다.

삼차원 좌표가 이차원 좌표로 환원되는 현상은 여러분이 이 글을 읽고 있는 지금 이 순간에도 계속되고 있다. 여러분의 눈은 삼차원인 이 세상에서 들어오는 시각정보를 '망막'이라는 이차원 공간에 투영projection한 뒤, 이를 뇌에 전달하고 있다. 뇌는 이 이차원 정보들을 받아서 나름의 테크닉을 동원하여 삼차원 정보로 바꾼 뒤, 사고_{thinking}에 반영한다.

주의할 것은 높은 차원의 정보가 낮은 차원으로 환원될 때는 필연적으로 '정보 손실'이 발생한다는 것이다. 우리는 마주보고 있는 벽 뒤에도 공간이 존재하며, 그 공간으로 쥐, 거미, 지네, 바퀴벌레 등이 지나다닌다는 사실을 잘 알고 있지만, 우리는 볼 수 없다. 우리 망막은 이차원이고, 삼차원 정보를 모두 저장할 순 없는 것이다(그리고 그 덕분에 우리가 지저분하고 혐오스러운 것들과 평화롭게 공존할 수 있는 것이고). 그래서 한 번 낮은 차원으로 저장된 정보들을 다시 삼차원으로 재구성하는 일은 매우 까다로운 일이다. 하지만 정수가 자연수와 일대일 대응인 것처럼, 삼차원 정보들도 이차원으로 모두 저장될 수 있어서, 일정한 체계만 잡혀 있으면 100% 환원은 가능하다.

이 환원의 극치를 보여주는 것이 컴퓨터 메모리_{RAM}이다. 컴퓨터에 들어온 모든 정보는 RAM이라는 일차원 공간으로 저장된다. 그리고 필요하면, 여기에 저장된 정보를 꺼내어 보통 스크린이라는 이차원 평면에 표시하고, 경우에 따라선 삼차원 그래픽으로도 보여줄 수 있다. 동영상과 같은 사차원 그래픽도 얼마든지 가능하다.

한글 계수

컴퓨터가 처음 생겼을 때는 숫자와 알파벳, 그리고 타이프라이터에서 사용하던 몇 가지 특수 기호 등을 위주로 문자를 편성한 아스키코드 ascii code를 참조하여 문자를 표시했다. 하지만 알파벳을 쓰는 서구의 몇몇 과학자들만 사용하던 기계가 전 세계적으로 쓰이는 보편 기계가 되면서, 모든 나라의 모든 문자를 표현해야 하는 필요에 부딪혔고, 그 결과로 '유니코드 컨소시엄Unicode Consortium'이라는 단체에서 전 세계의 모든 문자를 포함한 '유니코드'라는 것을 만들었다. 이 유니코드가 컴퓨터마다 들어있기 때문에, 우리는 모든 문자를 자유롭게 읽고 쓸 수 있는 것이다.

이 유니코드 안에는 한글도 당당히 들어가 있다. 앞 장에서 얘기했듯 유니코드 44032번("가")부터 55203번("힣")까지, 총 11,172개의 문자가 들어 있고, 이 외에도 각 자음, 모음, 그리고 고전 한글 자모도 모두 편성되어 있다.

여기까지 논리를 전개한 나는 한숨을 크게 쉬었다. 평범한 사람으로서의 나는 세종대왕님이 창제한 한글이 조선시대에 대중적인 기반을 갖추고, 일제시대에 주시경을 비롯한 조선어학회 연구자들의 노력으로 지금의 현대적 체계를 갖추었다고 대략적으로 알고 있었다. 그리고 자음 19개와 모음 21개를 조합하여 한글을 만든다고 알고 있었는데, 지금 내 앞에는 그렇게 조합된 한글 11,172자가 웹 화면에 출력되어 있는 것이다.

일만 개가 넘는 자료라는 것은 당시만 해도 아직 '코린이(코딩 초보를 가리키는 은어)'에 불과했던 내가 다루어 본 가장 큰 수였고, 게다가 '수알못(수학을 알지 못하는 사람을 가리키는 은어)'에 불과하기도 했기 때문에, 내가 이 많은 글자들이 일정한 체계로 잘 배열되어 있는가를 파악하기에는 역부족일 거라는 자신감 없는 생각이 잠깐 스쳐 지나갔다. 하지만, 이 솔루션에 대한 욕심과 호기심은 그런 열등한 생각을 억눌렀고, 나는 다시금 코딩을 배우기 시작했던 첫 1년을 떠올렸다. 모든 것이 캄캄하고 암담했던 그 시기...백 번 양보한다고 해도 지금은, 그 때보다는 극단적으로 좋은 상황이 아니겠는가? 두려워할 것이 무엇인가?

그렇게 심리적 장벽을 극복하고 나서, 나는 무식하게도 초성이 'ㄱ'인 글자들의 수를 일일이 세기 시작했다. 만약 'ㄱ'으로 시작하는 글자들이 'ㄴ'이나 다른 초성으로 시작하는 글자들의 수와 같으면, 11,172개의 문자들은 확실히 일정한 법칙으로 배열되어 있다고 생각해 볼 수 있기 때문이었다. 그렇게 글자를 일일이 세다 보니, 이게 웬 막노동인가 싶기도 하고, 작은 글자들이 잘 안보이기도 해서, 이런 식보다는 좀 더 IT스럽고, 개발자다운 방식을 사용해 보기로 했다. 생각해 보니 간단한 방법이 있었다. 'ㄱ'으로 시작하는 글자의 맨 마지막 글자는 '깋'이었으므로, '깋'의 유니코드 숫자에서 '가'의 유니코드 숫자를 빼고, 마지막으로 1을 더하면, 초성이 'ㄱ'인 글자들의 수를 알 수 있을 것이었다.

```
"깋".charCodeAt(0) - "가".charCodeAt(0) + 1
```

결과는 588이었다. 초성이 'ㄱ'인 글자는 모두 588자인 것이다. 그렇다면 'ㄴ'은 어떨까?

```
"닣".charCodeAt(0) - "나".charCodeAt(0) + 1
```

역시 588이었다. 'ㄱ'과 'ㄴ' 초성으로 시작하는 글자들은 각각 588자로 동일한 것으로 미루어 보아 다른 초성들도 588일 가능성이 높았다. 그렇다면, 전체 글자수 11,172자라는 것은 588의 배수인 걸까?

$$11172 \div 588$$

답은 19이고 나머지는 없으므로 배수가 확실하다. 나눗셈의 몫이 19라는 것은 결국 전체 글자를 이루는 초성의 개수가 19개라는 이야기다. 흠, 한글 초성은 '가나다라마 바사아자차 카타파하' 밖에 모르는 내 생각에는 초성은 14자가 되어야 하는 게 아닌가 의심이 들었다. 14가 아니고 19라는 것은 5개의 초성이 더 있다는 말이었다. 이 초성들만 따로 모을 수 없을까?

588이라는 매직넘버를 알아 낸 상황에서는 간단한 수식을 떠올릴 수 있다. 앞서 얘기한 바와 같이 '가'의 유니코드 번호는 44032이므로 여기에 588을 계속 더하면, 그 다음의 초성들을 알아낼 수 있을 것이다. 이렇게 출력한 초성들은 다음과 같았다:

가까나다따라마바빠사싸아자짜차카타파하

아! 유니코드 초성에는 '까따빠싸짜'라는 된소리가 포함되어 있는 것이었다. 그래서 14개가 아니라 19개구나. 이제서야 11,172자의 비밀을 조금은 알 수 있었다.

한글의 계수

가령, 2x+3y+4=0과 같은 선형식이 있다고 했을 때, 미지수 앞에 붙어 있는 2나 3같은 숫자를 우리는 계수$_{coefficient}$라고 한다. 계수는 쉽게 설명하면, 미지수에 대한 가중치$_{weight}$라고 할 수 있다. 가령, 가정의 행복을 위해 일하는 5인 가족이 '할머니, 엄마, 아빠, 딸, 아들'로 구성되어 있다고 할 때, 이들이 가족의 행복을 위해 애쓰는 '노력'을 각각 x, y, z, p, q라고 하면,

$$x + y + z + p + q = happiness$$

라는 식을 구성할 수 있을 것이다. 하지만, 할머니의 지혜, 엄마와 아빠의 수입, 딸과 아들의 노력이 모두 동일한 정도로 가족의 행복에 영향을 끼치지는 않을 것이므로,

$$3x + 5y + 5z + 2p + q = happiness$$

라는 식으로 가중치를 둘 수 있다. 이렇게 되면, 가족이 모두 (1,1,1,1,1)이라는 동일한 노력을 투입했을 때라도, 할머니는 3, 엄마는 5, 아빠는 5, 딸은 2, 아들은 1만큼으로 가정의 행복에 기여한 것이 된다. 미지수의 계수가 하는 일은 이렇게 미지수에 가중치를 주는 일이다. 가중치가 높을수록 (즉, 계수가 클수록) 그 미지수가 결과에 미치는 정도도 같이 증가하게 된다.

계수를 이렇게 양적으로 보는 관점과는 별도로, 미지수가 벡터(즉, 방향)를 가리킨다는 관점에서, 특정 방향으로의 전진의 정도를 계수가 표현해 줄 수도 있다. 가령, z = 588x 이라는 선형식이 있을 때, x가 1이 증가하면, z

는 588이 증가한다. 즉, x 방향으로 1만큼 전진하라는 말은 z 방향으로는 588만큼 더 전진하라는 말이므로, 이 식을 이용하면 자연수의 증가를 더 큰 수의 증가로 증폭시킬 수 있다.

유니코드 상에서 '가'와 '까'는 588개의 숫자 차이가 나고, '까'와 '나'도 역시 588개의 숫자 차이가 난다. 때문에 우리가 초성의 인덱스 번호를 x라고 했을 때, 그 초성에 해당하는 한글조합자의 유니코드 번호를 얻으려면,

$$z = 588x + 44032 \ (단, \ 0 \le x \langle \ 19)$$

라는 선형식을 쓰면 될 것이다.

이런 식으로 특정 초성이 시작하는 글자의 위치는 알 수 있지만, 아직은 모든 글자에 대한 위치를 얻을 수 있는 것은 아니다. 다만, 이런 식으로 사고를 하다 보면, 결국 모든 글자에 대한 '선형 방정식'을 얻을 수 있을 것이고, 그 선형 방정식만 얻을 수 있다면, 키보드 입력을 이용하여 글자를 조합하는 게 가능할 것이다.

글자 '가'는 'ㄱ'으로 시작하는 첫 글자인데, 모음 'ㅏ'를 가지고 있다. 그런데 유니코드 표를 자세히 보면 '가'로 시작하는 글자들이 28개가 나와 있다. 그것은 '가' 밑에 쓸 수 있는 모든 받침 글자들을 조합했기 때문인데, 이를 나열해 보면 다음과 같다:

가각갂갃간갅갆갇갈갉갊갋갌갍갎갏감갑값갓갔강갖갗갘같갛

이전에 나열했다시피 우리말 모음은 21개이고, 21개의 모음마다 이렇게 28개의 글자가 생긴다. 그렇다면, 588개의 글자를 이루는 'ㄱ'으로 시작

하는 단어들은 모음 21개와 받침 28개를 곱한 값일까?

$$21 \times 28 = 588$$

정확하다. 이로써 미루어 보면, 우리말 11,172개의 글자는 19개의 초성, 21개의 중성(즉, 모음), 그리고 28개의 받침(이 받침엔 받침이 없는 것도 포함된다)으로 구성된 것이고, 이것은

$$19 \times 21 \times 28 = 11172$$

로 딱 떨어지는 것으로써 확신할 수 있게 되는 것이다.

나는 분명히 유니코드상에 있는 11,172개의 문자를 모두 일일이 확인한 것도 아니고, 단지 그 글자들에 대한 수학적 추정을 했을 뿐이다. 그렇지만 이렇게 수학적으로 추정한 것이 드러난 현상을 설명할 수 있고, 드러나지 않은 현상까지 예측하고 재현할 수 있다면, 그 수학적 추정은 더 이상 추정이 아니라 하나의 통찰이 되고, 이론이 되고, 지능적 행위가 되는 것이다. 초성을 x라 하고, 중성을 y, 그리고 종성(곧, 받침)을 z라고 하면, 이들에게 적절한 계수를 붙이면 한글 유니코드를 정복한 하나의 선형 방정식을 만들 수 있을 것이다. 사고가 여기까지 이르자 갑자기 가슴이 뛰고, 호흡이 빨라졌다. 나는 있지도 않은 수학 실력을 총 동원해 공식을 만들기 시작했다.

'ㄱ'으로 시작하는 글자 588개의 영역에서 모음 'ㅏ'가 차지하는 영역은 28개이고, 이것은 받침의 숫자이다. 그렇다면,

$$f(y, z) = 28y + z + 44032 \ (\text{단} \ 0 \leq y \ \langle \ 21, \ 0 \leq z \ \langle \ 28)$$

이라는 선형식은 '가'의 시작점에서 모음과 받침이 주어졌을 때의 유니코드 좌표가 될 것이다. 'ㅏ' 다음의 모음은 'ㅐ'인데, 'ㅏ'의 인덱스가 0이므로, 'ㅐ'는 1이다. 이것은 y가 1이라는 말이고, 만약 받침을 ㄱ이라고 하면, ㄱ의 인덱스는 1이므로, 'ㄱ'으로 시작하면서, 모음이 'ㅐ'이고, 받침이 'ㄱ'인 유니코드 번호는

$$f(1, 1) = 28 + 1 + 44032 = 44061$$

이고 이것을 String.fromCharCode(44061)에 대입하면, '객'이라는 글자가 나온다. 이로써, f(y, z) 선형식은 옳다는 것이 증명된 것이다.

우리는 앞서 z=588x+44032 라는 선형식을 통해, 초성의 시작점을 잡는 방법을 이미 알아 내었다. 이 식에서 상수 부분을 제외하고 588x를 f(y, z)의 식에 더해주면, 특정한 초성의 시작점에서 중성, 종성의 위치가 나올 것이다. 따라서, 한글의 초, 중, 종성의 인덱스를 받아 유니코드 번호를 출력해 주는 선형식은

$$f(x, y, z) = 588x + 28y + z + 44032$$
$$(\text{단 } 0 \leq x < 19, 0 \leq y < 21, 0 \leq z < 28)$$

가 되는 것이다.

이제는 검증의 시간이다. 유니코드상에 있는 한글의 초, 중, 종성은 다음과 같다:

초성의 인덱스:

{0:ㄱ,1:ㄲ,2:ㄴ,3:ㄷ,4:ㄸ,5:ㄹ,6:ㅁ,7:ㅂ,8:ㅃ,9:ㅅ,10:ㅆ,11:ㅇ,12:

ㅈ,13:ㅉ,14:ㅊ,15:ㅋ,16:ㅌ,17:ㅍ,18:ㅎ}

중성의 인덱스:

{0:ㅏ,1:ㅐ,2:ㅑ,3:ㅒ,4:ㅓ,5:ㅔ,6:ㅕ,7:ㅖ,8:ㅗ,9:ㅘ,10:ㅙ,11:ㅚ,12:
ㅛ,13:ㅜ,14:ㅝ,15:ㅞ,16:ㅟ,17:ㅠ,18:ㅡ,19:ㅢ,20:ㅣ}

종성의 인덱스:

{0:"",1:ㄱ,2:ㄲ,3:ㄳ,4:ㄴ,5:ㄵ,6:ㄶ,7:ㄷ,8:ㄹ,9:ㄺ,10:ㄻ,11:ㄼ,12:
ㄽ,13:ㄾ,14:ㄿ,15:ㅀ,16:ㅁ,17:ㅂ,18:ㅄ,19:ㅅ,20:ㅆ,21:ㅇ,22:
ㅈ,23:ㅊ,24:ㅋ,25:ㅌ,26:ㅍ,27:ㅎ}

이런 자료구조를 가지고 있으면, 앞으로 키보드에서 전달된 모든 자음
과 모음은 인덱스 번호(즉, 숫자)로 환원될 수 있고, 그 숫자를 선형 방정식
f(x, y, z)의 파라미터로 전달하면, 해당 글자의 유니코드 번호를 얻을 수 있
다. 가령, '숲'이라는 글자를 만들기 위해서, 키보드로부터 'ㅅ', 'ㅜ', 'ㅍ'을 차
례로 전달받았다고 하면,

```
ㅅ: 9, ㅜ:13, ㅍ:26
f(9, 13, 26) = 588 × 9 + 28 × 13 + 26 + 44032 = 49714
String.fromCharCode(49714) //결과는 '숲'
```

의 과정을 통해 '숲'이라는 글자를 얻어낼 수 있는 것이다.

여기까지 결과를 진전시키고, 나는 뛸 듯이 기뻤다. 문제를 제기하고,
'과연 할 수 있을까?'라는 심리적 강을 건너고, 거대한 유니코드 표를 탐색
하고, 패턴을 만들고, 가설을 세우고, 가설에 맞는 선형식을 만들어 내기까
지, 내 머리는 마치 전인미답의 정글을 탐색하듯이, 미친 듯이 회전했다. 이

런 탐색의 과정 속에 우리의 뇌가 물리적으로 어떤 일을 하는지 여전히 정확히 알려져 있진 않지만, 심장이 빨리 뛰고, 혈액순환이 가속되고, 뇌 바깥의 감각기관의 작용이 둔감해지는 것을 체험적으로 안다. 오아시스에 대한 확신도 없이 며칠 분의 물과 식량만을 가지고 사막을 탐색하는 사람들 앞에 나타난 젖과 꿀이 흐르는 '여리고 Jericho 성'처럼, 내가 만들어 낸 선형 방정식은 나에게 큰 성취감과 짜릿한 쾌감을 선사해 주었다. 이런 느낌은 이런 종류의 작업을 하지 않는 사람에겐 결코 주어지지 않는 것이다. 누군가가 만들어 놓은 API를 이용해 솔루션을 만드는 것과, 스스로 API를 만들어 내는 사람과의 차이도 여기서 기인한다. '이미 있는 솔루션을 왜 만들어야 하는가?'라고 묻는 사람은 결코 새로운 것을 만드는 기쁨을 누릴 순 없다. 그 작업이 극도로 어려워서가 아니라 '내가 왜?'라는 강을 건너지 못하기 때문이다. 그 강은 비록 좁지만, 건너는 사람이 드물다. '그리고/그래서' 그 강을 건넌 사람과 그렇지 않은 사람은 '영원한' 차이를 보이게 된다. 실력도 그렇지만, 급여/수입도 마찬가지다.

그리고 '바이스 벌사(vice versa)'

명제 p, q가 있을 때, 'p이면 q이다'가 참이라고 해서, 'q이면 p이다'가 꼭 참은 아니다. 'p이면 q이다'를 '조건명제'라고 하면, 'q이면 p이다'는 '역 converse'이라고 하는데, 조건명제의 역은 원래의 조건명제와 같지 않다고 보는 것이다.

그렇다면 키보드 입력을 한글로 조합해 주는 선형방정식의 경우는 어떨까? 키보드에서 입력된 자음과 모음이 만들어 낸 특정 유니코드 숫자 a가 있다고 할 때, 그 a는 다시 '초성, 중성, 종성'으로 분리될 수 있을까? 이전에 만들었던 '숲'이란 글자의 유니코드 번호는 49714였다. 그래서,

1) $49174 = 588x + 28y + z + 44032$

라는 식이 성립한다. 그리고 이 방정식을 만족하는 x, y, z는 선형방정식의 성질상 '무한'히 많다. 1)을 정리하면, 다음과 같다.

2) $588x + 28y + z - 5682 = 0$

따라서, (0, 0, 5682) 같은 경우도 2)의 해가 될 수 있다. 정확히는 x에 어떤 수가 들어와도 이를 만족하는 y, z를 구할 수 있고, x, y에 어떤 수가 들어와도 이를 만족하는 z를 구할 수 있다. 이렇게 무수히 많은 해집합 중에서 단 하나의 해만이 유효한 유니코드를 만들 수 있는 해가 된다. '숲'의 번호가 49174인데, 이것이 'ㅅ', 'ㅜ', 'ㅍ'에 해당하는 인덱스 번호로 쪼개져야지 그 외의 가능성이 있다는 건 상상할 수 없기 때문이다(논리적 오류이기도 하다).

이런 문제를 해결하기 위해서는 x, y, z가 가질 수 있는 인덱스 번호의 한계를 이용해야 할 것이다. x의 인덱스 번호는 0~18이며, y는 0~21, z는 0~27 이었다. 때문에 우리는 x, y, z의 상한 한계를 만들 수 있다. 이 과정에서 y와 z의 최대값 (20, 27)을 $28y + z$에 대입하면, 587이 되는 것을 알 수 있는데, 결국 $28y + z$는 x의 계수 588과 같을 수도 없고, 클 수도 없다. 이것은 2)방정식이

3) $588x + C = 5682$ (단, $0 \leq C < 588$)

으로 변형될 수 있다는 말인데, 이 식은 전형적으로 5682를 588로 나눈 몫과 나머지를 나타내는 식이다. 따라서 이 방정식을 통해 5682를 588로 나눈 몫은 9이므로, x의 인덱스 번호는 9이라고 확정할 수 있는 것이다. 참고로 나눗셈 연산의 몫을 확정하는 API는 대부분의 프로그래밍 언어에 존재하는데, 자바스크립트의 경우는

```
parseInt( 5682 / 588 ) //결과는 9
```

를 통해 구할 수 있다. C가 $28y + z$이고, x가 9이므로 3)은 다시

4) $28y + z = 5142 - 588 \times 9 = 5682 - 5292 = 390$

로 바꿀 수 있고, z의 번호 한계가 27이라서, 이 식 역시 390을 y의 계수인 28로 나눈 몫과 나머지라고 할 수 있으므로 마찬가지 과정을 통해

```
parseInt( 390 / 28 ) //결과는 13
```

y는 13임을 알 수 있고, 이에 따라 z는 자연히 26이 된다. 이렇게 만들어 낸 해집합 (9, 13, 26)은 각각 'ㅅ', 'ㅜ', 'ㅍ'의 인덱스 번호와 일치함을 알 수 있다.

결국, 이제까지 우리가 만들어 온 한글 조합 선형 방정식은 결국 그 역도 성립함을 알 수 있다.

Sir03

인공지능의 시대

인공지능은 결국 '개발자'를 대체하려는 하나의 흐름에 다름이 아니다.

세상은 만만하지 않다

내가 컴퓨터를 전혀 모르고 성장했던 30년 가까운 세월 동안 컴퓨터 세계에선 온갖 종류의 혁신이 일어 났듯이, 내가 컴퓨터를 배우기로 마음먹고 열심히 학습과 경력을 쌓아가던 그 후의 십수 년의 세월 동안에도 근본적인 패러다임 변화는 일어났다.

그나마 다행인 것은 컴퓨터를 알고 나서 일어나는 컴퓨터 세계의 변화에는 나도 당사자로서 동참할 수 있었다는 것이다. 변화를 그저 지켜봐야 하는 것과, 변화를 읽고, 그 변화의 주체가 될 수 있는 힘을 가지는 것은 많은 차이가 있다.

인공지능에 관한 관심이 급격하게 증가했던 2016년(이젠 모두들 '알파고 AlphaGo'를 알 것이다)에도 마찬가지였다. 그 동안 매우 제한적으로만 언급되던 '인공지능Artificial Intelligence', 혹은 '딥러닝Deep Learning'이란 말이 모든 사람들이 알아 듣는 '상식' 용어가 되었을 때에도 나는 그다지 당혹스럽지 않을 수 있었다(자세히는 몰라도 어느 정도는 알고 있었기 때문이다).

다만, 기술의 패러다임이 바뀔 때마다 있는 일이지만, 그 변화에 몸을 담을 것인가 아니면 거기서 멈출 것인가의 판단은 오로지 기술자 자신에게 달려 있는 것이다. 여전히 호미를 만드는 장인들이 있고, 여전히 어셈블러 코딩을 하는 사람들이 있는 것처럼, 특정한 시점에 자기 자신을 박제시키는 건 가능하다. 처음엔 고리타분하게 여겨졌던 그런 판단이, 시간이 더 지나가면, '전통'이라는 이름으로 재조명 받을 날도 있는 것이다.

때문에 패러다임이 바뀔 때마다 스스로를 변화시키는 일이 꼭 절대선이 될 수만은 없다. 바로 그 점 때문에 변화가 일어날 때마다 개발자는 고민하게 되는 것이다.

컴퓨터를 배워야 하는지를 고민할 때 배우기를 선택하고, 프로그래밍을 직업으로 삼아야 할지를 고민할 때 과감히 직업을 바꾸고, 웹의 성장, 그리고 스마트폰 앱의 성장 때도 늘 앞장서서 변화에 동참했던 나는 '인공지능' 앞에서도 변화의 준비를 해야 했다. 그 때는 마침 대기업 프로젝트를 막 끝낸 참이었는데, 그 프로젝트에서도 인공지능 분야 중의 하나인 '자연어처리NLP'기능이 일부 도입되어서 흥미롭게 지켜봤던 터였다. 내 생각엔 인공지능은 더 이상 거스를 수 없는 흐름처럼 보였고, 결단의 시기가 온 것은 확실했다.

개발을 직업으로 선택한 뒤로 나는 코드를 작성하면서 많은 시간을 보냈다. 회사에서 하는 일도 일이지만, 궁금하거나 호기심 당기는 일이 있을 때마다 과감하게 개인 프로젝트를 진행했고, 덕분에 하루에 최대 18시간 정도 코드를 작성하는 일이 잦았다. 내가 성실해서 그랬다기 보다는 코딩이라는 작업 자체의 성격상, 어떤 주제를 다루다 보면 시간이 그렇게 순식간에 사라진다(게임 하다가 밥과 잠을 잃는 현상과 동일하다).

그런 일을 십여 년 가까이 하다 보면 처음엔 다양하고 휘황찬란해 보였던 개발계의 여러 테마들이 어느 정도 질서 있게 눈에 들어오고, 그런 상황이 더 진행되면 심지어 단순하게도 느껴지게 된다. 수없이 많은 코드를 작성하고, 모듈module을 만들고, 그것들을 배치하고, 배열해서, 유기적인 솔루션을 만든 이후에 나는, 지겹도록 반복되는 어떤 패턴들은 왜 '자동화'되지 못하는지에 대한 회의에 깊이 빠지게 되었다. 보통 이럴 때부터는 새로운 일을 향해 나아가야 한다. 이런 상태에서 현상 유지를 고수한다는 것은 슬럼프로 가는 지름길이다.

IT 작업을 하다 보면, '에이스', '레전드'라는 말이나, 심지어 '천재', 혹은 '신'이라는 말까지도 종종 듣는 경우가 있다. 나의 경우엔 대학에서 IT를 전공하지 않았음에도 능숙하게 코딩 작업을 하기 때문에 더더욱 이런 식의 프레임으로 나를 정의하려는 주변의 시도들이 있었다. 하지만, 내가 나를 정의할 때의 나는 아무리 잘 보려 해도 '잘 훈련된 코더coder'를 넘지 않는다. 나는 '잘 훈련된well-trained'이란 말에 자부심과 자긍심을 느낀다. 나는 스스로에게 부과한 과제에 매우 충실했던 사람이고, 그 과정에서 열매를 수확한 사람이기 때문이다. 나는 개발자를 특정한 '작업'에 한정 짓지 않고, 개발과 관련된 모든 일(기술적일 뿐 아니라, 물리학, 수학과 같은 학문적인 일도)에 특별한 관심을 두고, 어느 것도 함부로 무시하지 않는 사람으로 정의했기 때문에, 무엇이든 구현 가능한 개발자가 될 수 있었다. 나는 서버를 다루면서도 프론트 코딩을 할 수 있고, 때론 솔루션 개발자이기도 하면서도, 때론 보수적인 데이터 관리자이기도 하다. 나는 통합적인 툴을 사용하는 사람이기보다는 통합적인 능력을 가진 사람이길 바랐고, 그런 사람이 되도록 나를 훈련시켜왔다. 그런 훈련의 와중에 얻은 소중한 교훈들은 내가 창의적인 활동이나 새로운 종류의 솔루션을 개발하는 데 도움을 주었다. 나는 매우 숙련된 코더이자, 창의적인 개발자가 된 것이다. 그리고 이렇게 되기까지 나름 성실하게 코딩에 매진했기 때문에, 그 인고의 세월을 버텨낸 스스로를 꽤 자랑스럽게 생각한다. 나는 코딩 외에는 이렇게 오랫동안 열정을 바친 일이 없다는 점에서, 개발자가 된 것이 운이 좋았다고도 생각한다. 평생 자기의 소명을 찾지 못하거나, 소명은 있지만 여러 가지 이유로 그걸 추구할 수 없는(혹은 하지 못하는) 사람이 얼마나 많은가!

그렇다고 하더라도 여전히 미숙하고 배울 게 많은 것이 현재의 나고, 그것이 개발자라는 직업의 특징이다. 개발 환경은 늘 변하고, 그래서 개발자는 늘 배워야 하고, 무언가에 익숙해졌으면, 미련 없이 자리를 털고 일어나 새로운 기술을 배우러 가야 한다. 늘 처음인 것처럼 배우고, 늘 초보자인 것처럼 갈급해야 한다. 그렇게 살면서도 늘 새롭고, 늘 배울 것이 있다는 것이 이 직업의 '단점'이자, 그 단점을 압도하는 '장점'이다. 더 이상 배울 것이 없을 정도로 많이 안다는 것은 얼마나 허망한 일이겠는가!

인공지능이라는 패러다임도 마찬가지다. 컴퓨터란 계산기에 어떤 특정한 능력을 부여하기 위해서(이걸 보통 어플리케이션 개발, 혹은 앱 개발이라고 부른다), 기존에는 개발자들의 '코딩' 능력에 의존해 왔다. 가령, 사람들이 앱을 켜고, 서버에 접속하고, 클라우드에 저장하고, 스마트폰에 부착된 수많은 하드웨어들의 능력을 활용하는 매우 자동화된 프로세스를 신비롭게 경험하기 위해서는 '인간' 개발자들이 그 모든 가능성을 일일이 문자로 타이핑하는 일을 해 줘야 하는 것이다. 이런 작업들은 두 가지의 딜레마에 봉착하게 된다.

첫째, 일반 소비자들에게 '자동화', '편리함' 같은 경험을 주기 위해서 개발자들은 매우 단순한 작업 환경에서 단순하고 반복적인 일에 시달려야 한다. 이건 마치 음료수 자동판매기 안에 사람이 들어가서 밖에서 '콜라' 버튼을 누르는 구매자를 위해 냉장고에서 콜라를 꺼내 상품 출구로 음료수를 전달해 주는 모델과 비슷하다. 지나가는 사람들은 자동판매기를 신기하게 생각할 수 있어도, 그 안을 들여다 보면 황당할 정도의 단순 작업이 이뤄지고 있는 것이다. 누군가의 편리함을 위해 누군가를 희생해야 한다는 점에서 그리 지속 가능한 상황도 아니다. 현재 구로동이나 상암동의 현장에서 많은 개발자들이 탈락하고, 새로 충원되는 일이 반복되고 있다. 우리는 개발자들의 희생 위에 문명을 건설하고 있는 것이다.

둘째, 개발자들의 단순작업의 근원을 파악하면 그 모든 것은 결국 '조건문'으로 환원된다는 걸 알 수 있다. 개발자들은 함수를 설계하고, 그 함수 안에 조건문을 코딩한다. 물론 조건문 뒤에는 덧셈 연산이나 메모리 복사 같은 더 근원적인 작업들이 있지만, 그런 작업들은 조건문이 있어야 더 '스마트'해진다. 덧셈과 복사 같은 작업들이 워드프로세서나 유튜브 같은 앱이 되기 위해선 조건문이 있어야 하는 것이다. 조건문이 앱을 더 똑똑하게 만들어 주는 것은 맞는데, 그 조건문을 작성하는 주체가 개발자라는 '사람'이기 때문에, 우리는 조건문의 스마트함을 모두 사람에게 빚지고 있는 셈이다. 나도 수없이 많은 조건문을 만들어 왔고, 지금도 만들면서 살고 있지만, 그 조건문을 만드는 작업 자체는 자동화가 되지 않고 있다.

컴퓨터는 자동화된 계산기로서 계산을 하는 데 드는 인간의 노력을 대신해 왔다. 그리고 20세기 후반부터 현재까지 인류문명을 극적으로 변화시켜 온 것이 사실이다. 하지만, 이제 그 모든 것들이 더 이상 새롭지 않고, 당연시되고 있는 시점에서, 그 다음 단계로의 도약이 필요하게 되었고, 그 도약을 위해선 이제까지 해 왔던 작업에 대한 근본적인 반성과 회의가 필요하다. 사람들은 컴퓨터를 쓴다고 생각하고 있지만, 사실 컴퓨터를 쓰는 건 개발자이고, 사용자들은 개발자들이 해 놓은 프로그램을 쓰고 있는 것이다. 이런 관점에서 보았을 때, 이제껏 우리의 생활을 개선한 것은 과연 컴퓨터인가 개발자인가?

인공지능은 결국 '개발자'를 대체하려는 하나의 흐름에 다름이 아니다.

막현호은莫見乎隱 막현호미莫顯乎微

'**디**지털 디바이드digital divide'라는 개념은 세상에 여전히 '컴퓨터'를 모르는 다수의 사람이 존재한다는 것에 대한 경고이다. 하지만, 컴퓨터를 좀 할 줄 아는 사람 사이에서도 '디지털 디바이드'는 존재한다. 그건 우선 '사용자'와 '개발자'로 나뉜다(물론 컴퓨터 사용자는 크게 개발자까지도 포함하는 개념일 수는 있지만, 여기서는 '개발을 하지 못하는 사용자'라는 소극적 의미를 가정한다). 우습게 정의하자면, 사용자들은 컴퓨터가 무엇이든 해 줄 수 있다는 그릇된 믿음을 가지고 있는 사람들이고, 개발자들은 그게 절대 그렇지 않다는 걸 아는 사람들이라고 할 수 있다. 컴퓨터가 뭐든 해 줄 수 있을 거란 믿음은 고소득 전문직에 종사하는, 나름대로 배울 만큼 배운 사람들에게도 흔하다. 그들은 가끔 '이게 되니까 이것도 되지 않을까?'라고 자가발전을 하는 경우가 있는데, 그런 가정의 대부분은 비현실적인 환상이다. 그걸 모르고 엉뚱한 계획을 짜거나, 개발자들에게 이상한 기대를 하는 경우를 현장에서 많이 접해 왔다.

개발자들 사이에서도 디바이드는 존재한다. 웹의 시대가 왔을 때, 웹을 모르는 개발자들이 양산되었고, 앱의 시대가 왔을 때, 앱을 모르는 개발자들이 양산되었다(양산되었다기 보다는 가만히 있었더니 그렇게 되었다). 트렌드를 모두 따라갈 수 있는 개발자들은 트렌드를 미리 보고 준비한 사람들이거나 혹은 순식간에 트렌드를 따라잡을 수 있을 정도로 개발의 기초가 튼튼한 사람들이었다. 하지만 '인공지능'의 시대가 왔을 때, 그런 기초가 튼튼한 개발자들조차도 당황할 수밖에 없었다. 인공지능 패러다임은 누가 뭐라 해도 '순수이론의 시대', 혹은 '수학의 시대'를 의미했기 때문이다. 수학을 그저 개발의 선수과목 정도로 취급하고, 딱 그 정도의 지식만 가지고 있던 개발자가 있다면, 매우 당황스러울 것이다(이것은 현장 개발자들뿐 아니라, 학교에서 가르치는 교수들도 마찬가지다). 이런 사람들이 새로운 시대에 대한 숨은 저항 세력이 되곤 하는데, 헛된 시도일 뿐이다. 대세는 거스를 수 없고, 첫차를 못 타면 막차라도 타야 한다.

통계학

보통 확률probability은 발생한 모든 사건들 중에서 특정 사건이 일어난 비율을 말하고, 확률이 높다는 것은 그 특정 사건이 전체 사건의 비중에서 높다는 걸 뜻한다. 대통령 선거에 나선 후보자 세 명 중에, 한 후보자가 60%의 지지율을 기록한다는 건, 그 후보자가 대통령이 될 가능성이 높다는 걸 의미하는 것이다.

인공지능은 확률론을 기반으로 발전한 학문이다. 때문에 인공지능이 판단을 한다는 건 확률적 우위에 있는 결론을 낸다는 것을 의미한다. 인공지능이 확률론을 바탕으로 하기 때문에, 인공지능을 구현하는 데 있어서는 '통계학'이 가장 중요해졌다. 통계는 '데이터'와 그 데이터의 '분석'에 대한 학문이다.

통계학에서 도출된 공리 중에 인공지능에 큰 영향을 미친 두 가지 예를 소개하면, '베이즈Bayes 정리'와 '최소제곱법'을 들 수 있다.

베이즈 정리

베이즈 정리는 '조건부 확률'이라고도 부른다. 특정 조건 하에서 어떤 사건이 일어날 확률을 구하는 방식인데,

$$P(X|Y) = \frac{P(X)}{P(Y)} \times P(Y|X)$$

라는 공식으로 잘 알려져 있다. P(X), P(Y)는 각각 X, Y라는 사건이 일어날 확률이고, P(X | Y)는 Y가 일어났을 때, X가 일어날 확률, P(Y | X)는 X가 일어났을 때, Y가 일어날 확률이다. 이 공식에서 특히 P(Y | X)를 우도 尤度 likelihood 라고 한다.

베이즈 정리는 예를 들어 설명하는 것이 가장 이해하기 쉽다. 가령, 이 메일에 스팸메일 spam mail 이 자주 섞여 오기 때문에, 어느 회사에서 스팸메일 탐지기라는 것을 만들었다고 하자. 이 탐지기의 스팸메일 식별 성능이 93%로 측정되었다고 하면, 이 탐지기가 '스팸'이라고 분류한 메일 중에 진짜 스팸 메일은 어느 정도의 확률일까?

언뜻 보면, 탐지기의 성능이 93%이므로, 답은 93%라고 생각하기 쉽지만, 스팸과 스팸 아닌 메일을 분류한 정확도가 93%라는 것은 스팸이 아닌 7%를 스팸으로 분류했다는 말이므로, 스팸과 아닌 메일이 섞여 들어 올 경우에 이 탐지기가 어느 정도 성능을 발휘할 것인지는 여러 가지 변수에 따라 다르다. 스팸이 더 많이 섞여 있을수록 탐지기의 성능이 빛이 나겠지만, 스팸이 거의 없는 경우는 오류의 확률만 높아질 수 있다.

랜선을 오가는 수많은 메일 중에 스팸의 비율이 약 5%라고 해 보자. 그

리고 이 확률을 P(X)라고 하면, P(X) = 0.05가 된다. 스팸이 아닌 확률을 P(―X)라고 하면, 당연히 P(―X) = 0.95가 될 것이다. 어떤 메일이 스팸일 때, 탐지기에 걸릴 확률은 당연히 93%이므로, P(Y | X) = 0.93이 되고, 이것을 '우도   '로 볼 수 있을 것이다. 메일이 스팸이 아닌데도 스팸으로 분류될 확률은 자연스럽게 P(Y | ―X) = 0.07이다(엄밀히 말하면 스팸을 스팸이 아니라고 분류하는 것과 스팸이 아닌 메일을 스팸이라고 분류하는 것은 다른 능력에 속한다. 그러나 논의의 편의를 위해 여기선 그 점을 무시한다).

그렇다면 스팸 탐지기가 스팸을 탐지할 확률은 어떻게 될까? 이 확률은 '스팸일 때 스팸을 탐지할 확률'에 '스팸이 아닐 때 스팸을 탐지할 확률'을 더하면 된다. 전체 메일 중에 스팸메일은 5%이므로, '스팸일 때 스팸을 탐지할 확률'은 0.05 × 0.93 = 0.0465 이고, '스팸이 아닐 때 스팸을 탐지할 확률'은 0.95 × 0.07 = 0.0665 이므로, 이 둘의 합은 0.113이 된다. 따라서, 전체 메일 중에서 스팸을 탐지할 확률 P(Y)는 11.3%가 되는 것이다.

이제 베이즈 정리를 통해서 '탐지기가 스팸으로 분류한 메일이 진짜 스팸 메일일 확률'인 P(X | Y)를 구할 준비가 끝났다. 스팸일 확률 P(X) = 0.05, 탐지기가 탐지할 확률 P(Y) = 0.113, 스팸일 때 탐지될 확률 P(Y | X) = 0.93이므로,

$$P(X|Y) = \frac{0.05}{0.113} \times 0.93 = 0.4115$$

이므로, 결론은 41.15%가 되는 것이다. 이런 식으로 '가정적 상황'에 대한 공리적인 결론을 낼 수 있다는 것이 '베이즈 정리'의 가장 큰 장점이고,

이를 이용해 인공지능을 구현하는 큰 흐름이 있어 왔다. 짐작할 수 있듯이, 이 베이즈 정리를 이용한 인공지능의 성능은 '데이터'와 그 데이터를 이용한 확률의 정확성에 달려 있다.

최소제곱법

수학적으로 측정된 오류가 있을 때, 그 오류의 합이 어느 정도인지를 측정하기 위해서, 그리고 그 합이 가장 적은 것이 정답임을 확증하기 위해서 개발한 방법이 최소제곱법least squares이다. 한 뭉치의 데이터가 있고, 이 데이터들의 분포를 예상하는 결과값이 있을 때, 이 데이터와 결과값과의 차이(즉, 오류)를 제곱하여 그 값이 크면 클수록 부정확한 결과값, 0에 가까울수록 정확한 결과값이라고 보는 것이다. 당연한 말이지만 오류제곱이 4인 것과, 그것이 1인 것은 정확도의 차이가 있는 것이다.

19세기 초에 르장드르Adrien-Marie Legendre와 가우스Carl Friedrich Gauss에 의해 이 방법이 개발되고 발전되었을 때는, 측정된 데이터에 가장 가까운 '결과값'이나 '방정식'을 추측하는 데 사용되었는데, 인공지능 시대를 맞아서는 데이터와 결과값은 고정해 놓고, 중간에 있는 함수를 바꾸는 방식으로 사용한다. 쉽게 말하면, 예전에는 관측된 데이터들을 놓고, 이 데이터들이 '어떤 방정식에 수렴하는가(이를 회귀분석이라고 한다)'를 연구 주제로 삼았다면, 지금은 데이터와 그 결과는 측정값으로 고정해 놓고, 이 데이터와 결론 사이에 '어떤 방정식이 있어야 하는가'를 탐구하고 있다고 볼 수 있다.

그게 무엇이 되었건 통계학적인 방식으로 인공지능을 구현하는 것은 결국 '데이터'의 양과 질에 달려 있다고 볼 수 있고, 데이터가 늘수록 계산은 훨씬 더 증가하므로 예전부터 컴퓨터의 도움 없이는 발달할 수 없는 방식이었다고 여겨진다. 이론의 등장은 19세기 초반이었지만, 21세기 컴퓨팅 능력에 이르러서야 이런 종류의 계산법이 널리 성행하는 것도 무리가 아니다. 여전히 큰 데이터셋과 그것을 감당할 컴퓨팅 능력을 갖는 것은 어려운 일에 속하며, 큰 데이터를 정제하고 전처리하는 부분도 쉽지 않은 일이다. 그래서 비교적 덩치가 큰 기업(구글이나 페이스북 등)에서 이런 방식의 연구를 진행하고 있고, 솜씨 좋은 데이터 과학자에 대한 수요가 크게 증가하고 있다.

암흑 속의 나침반

떠들썩한 알파고(AlphaGo)와 이세돌의 바둑 경기 이후, 세계는 인공지능이라는 새로운 컴퓨터 화두를 가지고 신나게 움직였다. 늘 그랬던 것처럼, 나는 이번에도 이 새로운 트렌드에 몸을 싣기로 했다. 내 주변의 개발자 동료들 중에 이 흐름을 따라가는 사람은 거의 없었지만, 나는 '늘 그랬던 것처럼', 개의치 않았다. 항상 혼자만의 길을 잘 걸어왔기 때문이다. 혼자만의 길을 걷는 것의 장점은, 자주 그러다 보면 어느새 익숙해져서, 혼자 가는 일에 대한 두려움이 없어진다는 것이다. 물론 단점도 있다. 지금의 것을 전부 혹은 일부를 포기해야 하고, 지금의 친구들과 작별의 인사를 해야 하며, 그렇게 떠난 길에서 '죽을' 수도 있다는 것이다. 새로운 길을 떠나는 것이 지금보다 나으리라는 보장 같은 건 전혀 없다(그래서 새로운 길은 보통 잃을 게 없는 사람들의 길이기도 하다).

그 시절 나는 대기업 보험사 프로젝트를 막 마치고 지친 심신을 잠시 쉬고 있을 때였는데, 통장 잔고에 약간의 여유가 있을 때여서 다른 프로젝트에 투입되는 대신, 인공지능과 딥러닝(deep learning)에 대해 리서치(research)를 시작했다. 당시의 나는 탄탄한 프로그래밍 실력과 적당한 정도의 물리학, 수학 지식을 쌓아 놓은 상태였기 때문에, 딥러닝이라는 장르도 그리 어렵지 않을 거라는 생각을 가지고 있었다.

역전파

　수의 연속성을 담보해 주는 것은 '초월수'라는 것을 앞에서 논의한 적이 있다. 실수는 연속수인데, 자연수, 정수, 유리수, 대수적 수의 사이에 '초월수'가 빽빽이 들어차 있는 것이다. 실수가 실수인 이유는 결국 초월수 때문이다.

　마찬가지로 딥러닝이 다른 인공지능 알고리즘(특히 베이즈 정리를 기반으로 하는) 계열과 완전히 다른 특징은 오로지 '역전파(backpropagation)'에 있다고 할 것이다. 인공지능에서 쓰이는 베이즈 이론을 흔히 '나이브 베이즈(naive Bayes)'라고 하는데(나이브 베이즈는 벡터들이 독립 사건인지에 크게 신경 쓰지 않는다), 이 방식이 대용량의 데이터를 베이즈 방식으로 처리하는 것처럼, 딥러닝도 대규모의 데이터를 '선형 방정식과 활성화 함수(activation function)' 세트로 이루어진 소위 '인공 신경망'에 적용하여 성과를 얻는다는 점에서는 크게 차이가 없다. 하지만 딥러닝이 베이즈 방식과 다른 점은 인공신경망에 '역전파'라는 방식을 적용한다는 데에 있다.

　가령, D를 데이터 셋이라고 하고, F를 인공지능 함수, E를 오차함수라고 하면, 데이터의 흐름은 이렇다:

　1) $D \rightarrow F \rightarrow E$

　이건 프로그램에서 데이터가 흘러가는 모습을 도식화한 것인데, 수학 함수를 사용하여 표현하면 사실

　2) $E(F(D))$

　라고 합성함수 식으로 표현하는 게 적당할 것이다. 하지만 2)처럼 표현

하는 것은 수학 전문가가 아닌 사람들에게 데이터 처리에 대한 직관성을 깨우쳐 주기 어렵기 때문에 1)처럼 표현하는 것이 더 나을 것이다.

앞에서 알아 본 최소제곱법에 의하면 E는 $(r-F)^2$이다(r은 예측값이다). E가 제곱함수라는 것은 이 함수를 도표로 그리면 밑이 불룩한 선, 면, 아니면 그 이상 차원의 면체를 가리키는 것인데, 이 말은 이 오차가 최소인 어떤 좌표가 존재한다는 것이고, 그 좌표를 찾는 것이 이 방식의 의의라는 것이다.

데이터와 오차가 최소인 F를 찾는 것이 최소제곱법과 딥러닝의 공통점이긴 한데, 최소제곱법은 이를 만족하는 선형, 비선형 방정식을 찾기 위한 길고 복잡한 수식을 쓰는 반면에(데이터가 늘어나면 늘어날수록 이 방식은 더 길고 복잡해진다), 딥러닝은 '역전파'라는 비교적 간단(?)한 방법을 쓴다.

최소제곱법은 주어진 데이터를 이용하여 방정식 F를 이루는 미지수 항들의 계수를 산술적으로 계산해 낸다. 하지만 역전파는 오차가 생기면, 오차가 줄어들 수 있도록 미지수 항들의 계수를 조금씩 줄이거나 늘려나가는 방식을 쓰는 것이다. 따라서 최소제곱법은 방정식을 이루는 항의 개수를 미리 정해 놓아야 하지만, 역전파 방식은 '은닉층hidden layer'라고 하는 수많은 방정식 연합체를 사용한다. 최소제곱법이 데이터와 함수의 관계가 매우 밀접한 방식이라면, 역전파 방식은 데이터의 종류에 관계없이 은닉층이 소화할 수 있다(물론 은닉층의 규모를 충분히 설계하는 건 중요하다. 복잡한 데이터를 작은 규모의 은닉층이 제대로 처리하긴 어렵기 때문이다).

간단하게 말하면, 최소제곱법이 '방정식을 구하는 것'이라면, 역전파는 '방정식을 만들어 내는 것'이라고 할 수 있다.

미분

일반화해서 말하기 힘들겠지만 보통 최소제곱법보다 역전파 방식의 성능이 훨씬 좋다고 알려져 있다. 상황에 따라, 혹은 과제에 따라 다르기 때문에 일반화할 수는 없지만, 원리가 확실하게 알려져 있지 않은 암흑의 과제에 있어서 역전파 방식의 알고리즘은 탁월하다. 2012년 AlexNet이라는 CNN 기법의 알고리즘은 '이미지 인식 기술'에 있어서 기념비적인 성과를 거두었다. 기존의 오차율 26%를 무려 10%를 줄여 낸 16%의 오차를 기록한 것이다. 2017년 현재 이 오차율은 2.7%까지 줄어있는데, 인간의 인식 오차율이 약 5%인 것을 감안하면, 이미지 인식에서 역전파 알고리즘의 성과는 이미 인간을 추월한 성과를 올렸다고 볼 수 있다.

이 역전파 알고리즘을 이해하기 위해서는 '미분'과 '편미분'에 대한 약간의 지식이 있어야 한다. 딥러닝 구조와 역전파 알고리즘 자체에 대한 자세한 사항에 대해서는 현재 시중에 나와있는 많은 교재들을 참고하면 되므로 자세한 언급을 하지는 않겠지만, '선형방정식' - '활성화 함수' - '오차함수'로 이어지는 합성함수를 편미분하는 과정은, 제대로 훈련 받은 사람이 아니라면, 결코 쉬운 과정이 아니다.

나는 시간이 있을 때마다 종이에 단순한 인공뉴런과 활성화 함수를 그리고, 거기에 오차함수를 연결한 뒤, 그걸 되짚어 가며 편미분식을 쓰고, 결과값을 계산했다. 그 과정을 여기에 따로 묘사하지 않는 이유는 그 과정이 수식으로 쓰기에 매우 길고 복잡하기 때문이다. 뉴런 몇 개정도가 결합된 네트워크라 하더라도 식이 간단하지도 않고 직관적이지도 않다. 그런 방식은 수식으로 쓰기보다는 그저 간단한 아키텍처로 묘사하는 수밖에는 없고, 그 안의 복잡한 계산은 직접 해 보는 게 좋다. 직접 해 본 사람과 그렇지 않은 사람은 영원한 차이를 보이게 된다(그럼에도 불구하고 이런 계산을 하기 싫은 사람들을 위해 현재 python 기반의 많은 딥러닝 툴들이 나와 있다. 텐서플로우 Tensorflow, 카페Caffe, 케라스Keras, 파이토치pyTorch 등이 널리 쓰이고 있다).

이런 알고리즘들이 어느 정도 이해가 되었을 때, 이제껏 늘 그랬듯이 스스로에게 '딥러닝 생성기'를 만들어 보라는 과제를 내렸고, 며칠 지나지 않아, 간단한 생성기의 초기 버전을 만들 수 있었다. 딥러닝은 많은 CPU와 GPU를 소모하므로 나 같은 개인이 상용화할 방법은 없었기 때문에 그 이상의 툴로 발전시키진 않았지만, 솔루션을 개발하면서 나는 딥러닝과 미분식에 대한 많은 지식과 경험을 쌓을 수 있었다.

그리고 아무도 없었다

2020년 현재, 나는 인공지능 개발자이고, 인공지능 개발 회사를 운영하는 대표이다. 하지만 주류 인공지능이라고 할 수 있는 '딥러닝'과는 다른 종류의 알고리즘을 개발한 상황이고, 그 이론을 바탕으로 솔루션을 개발하고 있다.

나의 새로운 알고리즘의 이름은 '니마시니Mnemosyne'인데, 니마시니는 그리스 신화에 나오는 '기억의 여신'이다. 특별히 내가 만든 이론에 '기억'을 붙인 이유는 이 알고리즘이 어떤 규칙(최소이승이나 역전파 같은)에 의해 데이터를 처리하기보다는 그저 저장된 데이터를 불러와서 출력하는 경향을 보이기 때문이다.

이 알고리즘의 출발은 또 다른 인공지능 이론인 '강화학습reinforcement learning'에 대한 비판적 관점에서부터였다. 강화학습은 선택 가능한 모든 경로를 탐색하다가 특정한 보상reward이 일어난 어떤 사건event에 가산점이나 벌점penalty을 붙이는 방식으로 선택을 조정하는 방식이다. 가령, 동서남북의 네 길 중에 남쪽을 선택했을 때 어떤 보상이 주어졌다면, 그 뒤에는 동서남북 중에서 무조건 남쪽을 선택하는 식인데, 컴퓨터가 '남쪽'이 보상에 유리하다는 것을 아는 방식은 남쪽에 '표시'를 해 놓기 때문이다. 그러니까 어떤 선택을 했을 때, 그 선택에 '보상' 표시를 해 놓으면, 다음부터는 특별한 연산 없이도 남쪽을 선택할 수 있는 것이다(그 뒤로는 보상을 찾는 것보다는 보상 표시를 찾는 것이 과제가 된다).

이런 식으로 보상에 유리한 경로들을 표시해 나가면 넓은 지역의 수많은 선택 중에서 보상으로 가는 비교적 빠른 길을 선택해 나갈 수 있다는 것이 이 알고리즘의 의의인데, 실제로 동작하는 모습을 보면 컴퓨터가 꽤 똑똑해 보이고, 무언가를 학습해 나가는 느낌도 들게 된다. 이런 강화학습의 알고리즘을 공부하면서 나는 '보상'이라는 개념, 그리고 매우 '재귀적'인 계산 방식이 마음에 들어서 이 방식을 주의 깊게 살펴보았다. 그런데, 연구를 진행할수록 강화학습은 연산의 복잡성에 비해 효율성은 그리 높지 않다는 것을 알게 되었다(사실 많은 수학적 알고리즘들이 그걸 이해하느라 들인 노력에 비해 얻는 것은 미미한 경우가 많다).

많은 현장에 나가서 수행 알고리즘을 혁신해 본 경험에 의거하여 나는 이 알고리즘을 개혁하는 직관적인 방법을 떠올리게 되었고, 그 방법을 코드로 모델링하고, 그렇게 모델링한 방식으로 알고리즘을 테스트해 본 결과 이것이 강화학습보다 훨씬 뛰어난 효율성을 보인다는 것을 확인할 수 있었다. 테스트 방식은 간단했다. 강화학습으로 경로를 찾는 방식을 구현한 다음, 동일한 과제를 수행하는 나만의 알고리즘을 새로 구현하고, 퍼포먼스performance의 시간을 비교해 보는 것이었다. 처음에는 경로를 찾아가는 에이전트agent의 동작을 비교해 보았는데, 아예 비교조차 할 수 없을 만큼 성능 차이를 보여서, 나중에는 '하늘에서 랜덤random하게 떨어지는 빗방울을 받아내는 에이전트'에 관한 게임(Rain Drop v.0.1)을 개발하여, 여기에 적용해 보기도 했다. 결과는 믿을 수 없을 만큼 만족스러웠다고 말할 수 있다.

처음엔 이렇게 '믿을 수 없을 만큼 만족스러운 알고리즘'을 얻었다는 것을 믿을 수가 없었다. 내 알고리즘은 수없이 많은 데이터도 필요 없고, 그것들을 처리하는 복잡한 수식도 없고, 적합한 결과를 얻을 때까지 수행해야 하는 수많은 시행착오도 없었다. 그래서 사실은 더 의심스러웠다. 이런 식의 인공지능 치트키cheat key를 얻었다는 것은 사실이라기 보다는 환상이거나 착각일 가능성이 높았기 때문이다. 이 글을 읽는 여러분이 만약에 100억 짜리 복권에 당첨되었다고 해 보자. 그것이 현실이겠는가, 꿈이겠는가? 아마 절대적으로 높은 확률로 꿈일 수밖에 없을 것이다.

그래서 나는 스스로에게 또 과제를 하나 부여했다. 그것은 '이 알고리즘의 원리에 대한 수학적 리포트를 작성하라'였다. 나는 프로그램을 배우면서, 이산수학, 선형대수학을, 그리고 인공지능을 배우면서 미분과 편미분에 대한 연구를 해 왔고, 수학적 논리 전개에 대한 일정한 감을 갖게 되었다. 모든 것들이 독학에 기반을 두었기 때문에 전개 자체가 엄밀하지 않을 수 있어도, 논리적 빈틈만 없다면, 다소 유치한 전개라도 괜찮을 듯싶었다. 유치성이야 버전을 거듭하면서 개선하면 되는 일이었다.

수학이 가지고 있는 가장 큰 장점은 비록 그 수학을 기술하는 사람이 아무리 어리고, 능력이나 경험이 없고, 알려지지 않은 완전한 초보자라 할지라도, 그 수학적 법칙에 의존하여 무언가를 증명하기만 한다면, 그 사람에게는 '노벨상'이나 '필즈메달' 수상자라 할지라도 저항할 수 없다는 것이다. 19세기를 호령하던 수학의 거두 힐베르트David Hilbert에게 열패감을 안겨준 이십 대 초반의 풋내기 괴델Kurt Gödel을 생각해 보라. 수학의 세계는 이런 식의 일화들로 가득 차 있다. 수학은 논리의 완전성만 갖추고 있으면, 그 자체로 모든 도전을 물리치는 '절대 반지'가 된다. 만약 내 알고리즘이 수학적으로 완전하게 기술될 수만 있다면, 나는 내 알고리즘에 대한 회의에서 놓여 날 뿐만 아니라, 어쩌면 새로운 사고나 연산 방법론을 개발한 사람이 될 수도 있는 것이다(보통 그런 능력이나 의사가 없는 사람들이 주로 학위나 권위에 의존하는 것이다).

프로그램과 수학

컴퓨터가 없던 시절에 공식을 창안해 낸 사람들(피타고라스, 에라토스테네스, 아르키메데스와 그 이후에 태어난 수많은 뛰어난 수학자들)에게 감사와 함께 존경의 마음을 금할 수가 없다. 그들에게 이런 말을 하는 것이 적절할지는 모르겠지만 그들은 컴퓨터가 발명되기 전에 존재한 '인간 컴퓨터'들이었다. 물론 그 분들을 '컴퓨터' 취급하는 것은 옳지 않다. 그들은 컴퓨터이기도 했지만, 그 이상의 사고력을 보여 준 사람들이었기 때문이다. 하지만 그들이 성취한 '컴퓨터 이상의 능력'은 그들이 '컴퓨터에 버금가는 계산 능력'을 가졌기 때문에 가능한 것이었음을 부정할 수 없다. 그들은 뇌 안에 컴퓨터를 들여 놓은 사람들이었다.

때는 21세기가 되어 나 같은 평범한 사람에게도 컴퓨터가 주어졌다. 나는 비록 어리석지만 내가 가지고 있는 컴퓨터는 어리석지 않다. 나는 천재로 태어났어야 간신히 가질 수 있었던 '특수한 능력'을 단지 20세기 후반에 태어났다는 이유만으로 쉽사리 가질 수 있게 된 것이다. 그리고 그 컴퓨터를 직업으로 대하는 십수 년 동안 나는 컴퓨터가 내린 결론에 복종하는 방법을 배웠다. '내가 내린 결론'이라는 극악무도한 편견에서 해방되는 길은 오로지 컴퓨터가 논리 연산 끝에 내린 결론에 승복하는 것이었고, 컴퓨터를 만나기 전 내 머리 속에 자리잡은 수많은 편견과 오해와 과장과 허풍과 비약들을 제거하는 데에 많은 노력을 기울였다(여전히 완전치는 않지만 계속 좋아지고 있다). 컴퓨터로 프로그래밍하는 과정에서 나는 어디까지가 진실이고, 어디까지가 추정이고, 어디까지가 허무맹랑한 비약인지를 철저히 배웠다. 이런 과정에 충실하지 않는 프로그래머는 그에 따른 대가를 반드시 받게 된다. 프로그래밍의 결과물은 결국 프로그래머의 상태다. 제대로 돌아가지 않는 프로그램을 수정하느라 밤을 새우는 건, 그걸 작성할 때 프로그래머가 논리적으로 철저하지 못했기 때문이다.

가령, 내가 하늘에서 떨어지는 공을 스크린에 모방한다고 해 보자. 공이 현실 세계에서 떨어지는 것처럼 모사하기 위해서는 반드시 중력, 힘, 위치 에너지, 시간에 대해 알아야 하고, 중력, 힘, 위치 에너지, 시간 상호간에 작용하는 힘과 에너지의 방정식을 코드로 구현해 낼 줄 알아야 한다. 가속도와 시간에 따른 이동거리는 다음과 같은 공식에 따름이 증명되어 왔다:

1) $s = v_0 t + \frac{1}{2} a t^2$ (s는 이동거리, v_0은 초기속도, a는 가속도, t는 시간)

실제로 이 공식을 이용하면 화면상의 공이 중력의 영향을 받는 것처럼 떨어지도록 만들 수 있다(앵그리버드 게임에서 새들이 날아가는 궤적을 생각해 보면 된다). 그런데 이 공식을 코드로 구현하는 건 공식을 이해하는 것과는 다른 작업이다. 공식을 이해했더라도 그것을 코드 상의 변수와 함수로 바꾸는 일은 전적으로 개발자의 재능에 달린 일이다. 확실한 건, 제대로 구현하기만 하면 화면에서는 매우 자연스럽게 동작한다. 하지만, 약간이라도 오해가 있거나 틀리게 적용되면 공의 움직임은 반드시 '오류'를 낸다. 십 수년의 개발 경험 동안 제대로 된 코드가 오류를 내는 것을 본 적이 없고, 오류를 내는 코드가 제대로 작성되어 있는 걸 본 적이 없다.

그래서 우리는 이렇게 결론 내릴 수 있다: "화면에서 제대로 동작한다는 말은 공식이 제대로 적용되어 있다는 말이다"

다소 위험할 수 있는 이야기를 내가 과감하게 제시하는 이유는 따로 있다. 컴퓨터의 화면에 보이는 결과는 결국 '수학적 결론'을 화면에 표시한 것이고, 화면에 표시하는 행위 자체도 매우 수학적이기 때문이다. 컴퓨터 화면에 표시되는 것들은 특별한 경우가 아닌 이상 '이미지'나 '애니메이션'이 아니다. 공의 위치가 3이라면, 그 '3'을 화면에 출력하는 것과 화면상의 '3픽셀' 위치에 공을 그려 넣는 것 사이에는 근본적으로 차이가 없다. 만약에 공의 궤적을 제대로 알아낼 수만 있다면, 화면에 보여지는 공의 움직임은 그 자체로 수학적 결론이기 때문이다. 그게 '수식'이나 '문자'로 기술되지 않았을 뿐이지(정확하게 말하면 2차원 평면상의 좌표로 표시된 것이다), 제대로 동작하는 프로그램은 그 자체로 수학적 증명일 수 있는 것이다.

그래서 니마시니 알고리즘이 작동하는 것을 화면상에서 지켜 본 나는 이미 알고리즘을 수학적으로 증명한 것이나 마찬가지였다. 원래 수학자나 물리학자들은 머리 속으로 가정을 세우고, 수학적으로 논증하고, 이론을 발표한다. 그리고 그 이론을 바탕으로 실제 세계의 증명을 하는 과정을 거치는 것인데, 나의 경우에는 실제 세계에서 이미 증명을 마쳤으므로(즉, 프로그램이 오류 없이 작동하므로), 이론은 코드를 참고해서 수식으로 재구성하면 되는 일이었다.

나는 강화학습의 경로탐색이 불필요한 탐색 과정을 얼마나 많이 거치는지와, 기억을 활용한 니마시니 알고리즘은 그런 오버헤드overhead를 얼마나 급격히 줄여주는지, 그리고 그 결과로 인공지능 에이전트가 얼마나 향상되고 멋진 퍼포먼스를 보여주는지를 수학적으로 표현한 리포트를 파워포인트로 작성을 했다. 그런 이론적 작업을 하는 일이 서툴러서 그것을 '논문'으로 작성하지는 못했지만(익숙한 대로 기업에서 쓰는 보고서 형식으로 만들었다), 작성하고 나서 만족스러웠고 충분히 설득력이 있다고 생각했다.

자, 퍼포먼스도 구현했고, 수학적으로도 증명했으니, 이제 어떻게 해야 할까? 내가 그 동안 만들어 온 수많은 고만고만한 솔루션들처럼(지금 이 글을 작성할 때 쓰는 별도의 글쓰기 프로그램도 그렇지만), '아, 만드느라 힘들었어!'라고 혼자 뿌듯해 하며, 다시 언제 꺼내 볼지 모르는 서버의 한 귀퉁이로 저장해 놓고 잊어야만 하는 걸까? 컴퓨터와 수학과 물리학에 깊이 빠져 있는 사람들이 보통 그런 것처럼 나도 사회성이 약간 모자라고 사람들과의 대화가 불편한 축에 속하며 형식적인 일을 하는 것을 끔찍이도 싫어하는 성격 때문에 이 알고리즘을 위해서 무언가 '사회적 활동'을 해야 한다는 것에 꽤 불편함을 느꼈다.

하지만, 누군가는 내 수학적 결론에 대한 코멘트를 해 주어야 했다. 아무리 수학적으로 올바른 결론이 나왔다고 해도 그걸 혼자만 그렇다고 하는 것과 주변의 다른 사람들도 인정하는 것과는 차이가 있다. 어쩌면 발표한

이론이 주변 동료들로부터 인정을 받는 것도 알고리즘 개발의 중요하고 빼

놓을 수 없는 절차일 수 있는 것이다.

비록 어렵고, 부담되는 일이긴 하지만, 나는 이 알고리즘이 좀 더 확장성 있는 솔루션이 되도록 노력하기로 했다. 그래서 대구경북과기원 DGIST의 여러 교수님들, 그리고 ㈜한국인공지능협회, 나아가 서울대학교의 여러 교수님들과 공동으로 연구를 진행 중이다.

2018년에는 니마시니 알고리즘의 지식적 배경을 담은 '지능의 본질과 구현(로드북 2018)'을 출판하고, 그 해의 '세종학술도서'에 선정되기도 했다. 혹시 니마시니 알고리즘과 인공지능의 본질에 대해 자세한 정보가 필요한 분들은 이 책을 참고하면 될 것이다.

이 알고리즘을 기반으로 한 데이터 처리 장치에 대하여 현재 특허가 출원중(출원번호 10-2018-0061813)이고, 특허 심사 중이다. 특허 심사 중이기 때문에 자세한 설명은 못하지만, 특허가 나오는 대로 관련한 내용을 출판할 예정이다.

그리고 나는 이 알고리즘을 바탕으로 솔루션을 개발하기 위해서 '주식회사 니마시니 솔루션스'라는 회사를 설립해서 대표로 봉직 중이다. 나처럼 사회성이 부족한 사람이 회사의 대표가 되는 것은 적당치 않다는 심리적 저항도 있었지만, 떠들썩한 스타트업startup이 아니라, 진중하고 솔루션 중심적인 회사를 내서 운영하는 방식이면 괜찮다고 스스로를 설득했다. 알고리즘을 대외적으로 소개할 때, 개인 연구자 자격으로서는 한계가 있음도 분명하기 때문에 불가피한 일이었다고 생각한다. 다행히 안팎으로 도와주시는 여러분들 덕분에 차근차근 성장해 나가고 있는 중이다.

여기까지 읽으신 독자 여러분은 내가 흑석동의 작은 마을에서 태어났을 때부터 지금까지 어떤 경로를 거쳐 성장해 왔는지를 잘 알게 되었으리라 믿는다. 나는 과학과는 전혀 관계없는 전공에서 출발해 스스로에게 개발과 과학과 수학을 가르치며 여기까지 오게 되었다. 나는 그냥 문학 소년이었을 수도 있고, 연극인이었을 수도 있고, 영어 강사였을 수도 있었고, 아니면 구로동의 밤을 밝히는 SI 개발자일 수도 있었다. 그리고 그 중에 무엇이었더라도 나는 그 삶에 그럭저럭 만족하며 살 수도 있었을 것이라 생각한다.

하지만 나는 내 안의 호기심을 억누르지 않고 진실을 추구했고, 진실을 찾았을 땐 다시 그 진실 너머의 진실을 추구했기 때문에 여기까지 오게 되었고, 오늘도 삶과 연구를 위해 열심히 살아야 하는 사람이 되었다. 내가 다른 사람보다 똑똑했거나, 혹은 더 뛰어난 인간이라는 증거는 내 삶의 어디에서도 찾아 볼 수는 없다. 다만 난 내 노력으로 '컴퓨터'를 얻었고, 그 너머의 진실을 추구하다가 '수학'을 발견하게 된 것이다. 비즈니스 격언에 이런 말이 있다: '버스에 올바른 사람들을 태울 수만 있다면, 어디로 갈지, 어떻게 갈지는 그 사람들이 알려 줄 것이다' 나는 내 인생의 버스를 운전하면서, '컴퓨터'와 '수학'을 태웠고, 지금 내 인생은 그들이 일러주는 데로 가고 있는 중이다.

내가 비록 컴퓨터에 대해 모든 것을 아는 사람이 아니고, 수학에 대한 뛰어난 전문가는 아닐지라도, 단지 컴퓨터와 수학을 피하지 않았다는 그 한

가지 사실만으로도 세상은 나에게 내가 바라는 모든 것을 주고 있다.

나는 이 글을 읽는 분들에게 '수학을 위한 수학'같은 걸 권하는 게 아니고, '수학이 밥 먹여 준다'는 말을 하는 것도 아니다. 하고 싶은 말을 한마디로 요약하면, 이렇게 말할 수 있을 것이다.

"수학은 다이아몬드다."

생각해 보면 다이아몬드는 먹고 사는 데 필요한 필수품이 아니다. 먹거나 입을 수도 없고, 들어가 살 수도 없기 때문이다. 하지만 그렇게 생필품이 아니라는 이유로 다이아몬드가 가치 없거나, 귀중하지 않다고 생각하는 사람은 없을 것이다.

결혼을 앞 둔 사람에겐 평생의 반려자를 단숨에 휘어잡을 선물로, 인생에서 잊지 못할 은인에게 드리는 예우로, 아니면 정말 중요한 순간에 자신의 진면목을 보여주는 장신구로 다이아몬드는 대체불가한 자신만의 가치를 가지고 있기 때문이다(그게 다이아몬드가 다이아몬드인 이유다).

개발자의 다이아몬드로서의 수학은, 그래서, 개발자의 곁에서 개발자에게 꼭 필요한 순간이 왔을 때 자기의 역할을 충분히 해 줄 것이다. 수학은 개발자의 마패이고, 치트키이다. 내 경험이 말해 주듯, 수학은 자기의 가치를 알아주는 사람에게 그가 원하는 모든 것을 선물로 준다.

'수학이 무슨 도움이 되느냐?'고 묻는 사람들이 있을 것이다. 나에게 '글쓰기가 무슨 도움이 되느냐?'고 묻는 사람들이 있었고, '개발이 무슨 도움이 되느냐?'고 묻는 사람들이 있었고, '수학이 무슨 도움이 되느냐?'고 묻는 사람들이 있었다. 돌이켜 보면, '무슨 도움이 되느냐'고 묻는 사람들은 아무런 도움이 되지 않았다. 내가 그들의 말을 귀담아 들었더라면, 오늘의 나는 존재하지 않았을 것이다.

다시금 말하지만, 수학은 다이아몬드다.

그러므로 먹고 살기 바쁘다는 이유로 외면하지 말길 바란다.

여러분 인생의 아주 중요한 순간에 수학이 꼭 필요할 것이다.

2부

수학은 어떻게 무기가 되는가

"정말로 수학이 프로그래머에게 쓸모가 없었다면
이미 오래 전에 그렇게 결론이 났을 것이다."

글쓴이_이정설

프롤로그

수학을 얼만큼 알아야 하나요?
컴퓨터가 다 해줘요.

프로그래머에게 수학은 필요한가? 이 물음은 아마도 "어느 프로그래밍 언어가 제일 좋은가?"와 함께 프로그래머들 사이에 가장 논란이 되는 질문일 것이다. 왜 수학은 프로그래머에게 쓸모 없는 것처럼 보일까에 대한 여러 가능성을 살펴 보자. 그러나 확실한 것은 수학을 잘 할 때 갈 수 있는 분야가 그만큼 넓어진다는 것이다.

프로그래머에게 수학은 필요한가에 대한 대답은 어떤 일을 하는 프로그래머인가에 따라 달라질 것이다. IT 직종이라 하더라도 하드웨어 설계, 공정 설계, 사용자 인터페이스 설계, 유체 역학(기체와 액체 등 유체의 운동을 다루는 물리학의 한 분야) 시뮬레이션 프로그램 개발, 수만 명의 동시 접속에도 문제 없이 작동하는 웹 서버 설계 등 매우 다양한 분야가 있으며, 그 중 어느 분야는 수학을 직접적으로 사용하는 일이 별로 없을 수 있다. 이렇게 다양한 분야 중 제한된 일부 분야에서만 일을 하게 되는 것이 일반적이고, 그러다 보면 수학이 별로 필요 없어 보이는 곳에 있는 사람의 경우 "수학, 쓸모 없어요." 라고 하며 오늘 저녁 날씨 예보를 보며 우산을 가져가야 할지 말지 고민한다. 날씨 예보처럼 미래를 예측하기 위한 대부분의 것은 수학에 의존하는 것임에도 불구하고 단지 자신이 그것을 직접적으로 하지 않는다고 하여 쓸모가 없다고 생각하고 말하는 것이다. 흔하게 사용하는 내비게이션이나 교통량 예측, 버스가 얼마 후에 올 것인지 등 아직 발생하지 않은 일에 대한 '예측'에 관련된 일은 우리 일상 생활에 아주 깊숙이 들어 와 있지만 결코 그것이 수학이라는 것을 알지 못하면 "수학, 쓸모 없어요."라고 하는 것이다. 다시 말해, 수학이 직접적으로 사용되지 않는 분야에 있게 되면 그 일을 하는 본인에게는 수학이 필요 없을 수 있지만 그러한 사람도 '다른' 사람이 수학을 써서 해 놓은 수많은 서비스를 이용할 수밖에 없고, 수학을 잘 할 경우 그러한 서비스를 만드는 진로를 택할 수도 있는 것이다.

수학이 쓸모 없다고 하는 사람 중 어떤 경우는 수학을 잘 못하거나 잘 모르는 사람이다. 당연하다. 자신이 잘 모르는 것이 쓰이는 경우를 알기는 쉽지 않다. 유사하게, 자신이 잘 아는 것은 알게 모르게 여러 곳에 사용하게 된다. 자신이 잘 모르는데 "아, 여긴 그것을 사용하면 되겠군." 하는 생각을 하기는 쉽지 않다. 향신료에 대한 지식이 전무한 한식 요리사가 "향신료, 그거 쓸모 없어요." 라고 하는 격이다. 향신료를 전혀 모르는 요리사가 "음~ 여기에 안식향을 조금 첨가하면 더 상큼하겠는걸." 할 수는 없다. 포아송 분포가 무엇인지 모르는 사람이 "내가 만든 앱의 사용자 분석을 위해선 포아송 분포[01]를 이용해 봐야겠군." 하기는 쉽지 않다. 결국 수학을 잘 모르기 때문에 수학을 써야 할 때 그러한 생각을 할 수 없고, 그러다 보니 수학이 필요 없는 것처럼 보이는 것이다.

어떠한 경우는 수학적으로 구현된 라이브러리를 많이 사용하면서도 수

---

01 통계학에서 사용되는 분포 중 하나로, 주로 정해진 시간동안 일어나는 사건의 횟수를 분석하기 위해 사용된다.

학은 필요 없다고 이야기 하는 경우도 있다. 물론 어느 단계의 개발인가에 따라 이미 다른 사람이 잘 만들어 놓은 훌륭한 라이브러리를 사용하는 것이 좋은 선택일 수 있다. 하지만 여러 상황에서 그 라이브러리를 직접 구현할 수 있는 능력 및 직접 구현하는 것이 도움이 된다. 법적인 문제 혹은 하드웨어적인 문제 때문에 특정 라이브러리를 설치할 수 없는 경우이거나, 라이브러리에서 제공하는 기능 중 아주 일부만이 필요한 경우나, 자신이 필요한 것과 아주 살짝 다른 것만을 라이브러리에서 제공해 주는 경우 등등이 있을 수 있다. 이럴 때는 결국 자신이 필요로 하는 기능을 직접 구현해야 하고 이 때 수학이 걸림돌이 되어서는 안 될 것이다. 즉, 이미 그 기능을 누군가가 다 구현해 놓은 것 같아도 자신이 해야 하는 일에 정확히 맞지 않는 경우가 많아서 라이브러리의 기능을 직접 구현해서 쓰는 상황에서야 비로소 수학이 튀어 나오고, 그 때까지 쓸모가 없던 수학이 앞길을 가로 막는 것이다. 물론 이러한 일을 많이 경험해 보지 못한 사람일 경우 여전히 수학이 필요 없다고 하면서 천만원 주고 외부 라이브러리 사서 작성한 프로그램으로 두 달 동안 분석을 수행하고 있을지도 모른다. 직접 구현해서 하면 1시간이면 끝날 일을.

"요즘은 클라우드 컴퓨팅을 이용해서 그냥 CPU 1000개 쓰면 되지 않아요?"

"네, 되죠. 그런데, 직접 구현하는 비용의 1000배가 드네요, 같은 시간 안에 끝내려면."

범용화한 상용 라이브러리나 프로그램은 특정 기능만을 구현한 것보다

느릴 수밖에 없다. 그래서 직접 구현하는 것이 여러 모로 이득임을 아는 상황임에도 불구하고 그것을 구현하기 위한 수학적 내용이 걸림돌이 된다면 참으로 안타까운 일일 것이다.

수학을 오해하기 때문에 수학이 필요 없다고 하는 경우도 있다. 흔히 이야기되는 것은 실제로 필요한 것은 '수학적 사고'이지 여러 공식이 있는 수학적 내용이 아니라고 하는 것이다. 이것은 수학에 대한 오해 때문에 발생하는데, 수학은 기호와 정의의 학문이다. 어느 개념에 대한 생각을 명확하게 하기 위하여 기호를 정의하고, 그것을 이용하여 여러 관계들을 살펴보는 것이 수학의 큰 축이다. 그렇기 때문에 수학적 사고는 결국 수학적인 기호들로 표현된다. 수학적 사고력이 들어 가 있는 일을 수학적 기호 없이 표현할 수도 있긴 하지만 정의된 기호를 이용하여 표기하면 더더욱 명백해진다. 수학적으로 표기하기 힘든 수학적 사고는 마치 모임을 싫어하는 사람들의 모임처럼 자체 모순이다. 수학적인 표기법에 익숙하지 않은 사람들이 결국은 '수학적 사고'가 필요한 것이지 수학이 필요한 것이 아니라고 하는 것이다.

또한, 이 반대의 경우도 있다. 아마도 더 흔한 경우일 것으로 보이는데, 바로 어려운 공식이 쓰여 있는 일을 하는 것이 곧 수학이라고 하는 것이다. 어려운 수식을 쓰는 것이 수학의 전부가 아니다. 수학적 사고를 표현하거나 수학을 이용하기 위해선 수학적 표기법을 이용하게 되지만 수학적 표기법을 기계적으로 사용한다고 해서 수학을 이용하는 것은 아니다. 공식을 기계처럼 외워서 그 공식이 정확히 맞는 경우만을 수학이 쓰인다고 생각한다면 큰 착각이다. 근의 공식이나 사인 코사인 법칙 같은 공식은 시험을 보아야 하는 때나 암기하는 것이지 실무에서는 전혀 암기할 필요가 없다. 필요할 때 찾아 보면 되는 것이다. 그 수많은 적분 방정식을 미리 암기하고 있어야 할 필요가 없다. 요즘에는 매틀랩(MATLAB, 수치 해석 및 프로그래밍 환경을 제공하는 공학용 소프트웨어)이나 메이플(Maple, C 언어를 기초로 한 수식 처리 소프트웨어, 제작자가 천재 수학자이며, 여러 수학적 개념을 익히기에 좋은 소프트웨어)처럼 좋은 프로그램도 많아 어려운 미분방정식도 라플라스 변환(Laplace transformation)[02]으로 풀어 달라고 하면 프로그램이 그 풀이 과정까지 보여주는 세상이다. 해가 수식으로 표현될 수 없음이 알려진 미분방정식조차도 수치해석학적으로 그 해를 찾아 낼 수 있는 세상이다. 우리가 해야 하는 것은 그렇게 공식 외우고 있다 해답 몇 개 풀어 내는 것이 아니라, 그렇게 풀어야 하는 식을 만들어야 하는 상황에서 지금이 바로 그렇게 수식을 만들어야 하는 상황임을 인지할 수 있어야 하는 것이고, 자신이 맞닥뜨린 상황에 맞는 수식을 만들 줄 아는 능력이다. 중고등학교에서 배운 수학 공식을 그대로 이용하지 않는다고 하여 수학이 필요 없다고 하는 것은 중고등학교 때 배운 영어 단어와 숙어로만 외국에서 살 수 있다고 하는 것과 같은 것이다.

---

02 함수의 변형의 일종으로, 주어진 함수에 특정 함수를 곱한 함수값을 0에서부터 무한대까지 적분하는 것. 과학과 공학에서 많은 응용 범위가 있다. 원래의 함수가 미분이나 적분이 어려울 경우 라플라스 변환을 하면 미분/적분이 쉽게 되는 경우가 있으며, 이렇게 미분/적분된 함수를 다시 역-라플라스 변환을 취하면 원래 함수의 미분/적분된 함수를 얻을 수 있다.

우주 과학 따위가 왜 필요하냐고 위성 전화로 이야기하는 사람처럼 '수학 필요 없어요' 하는 사람도 결국은 남이 해놓은 수학적 결과물로 살아 가고 있고, 프로그래머가 수학을 잘하면 여러 수학적 기법을 이용해서 그렇게 수학이 쓸모 없다고 말하는 사람들이 이용하는 서비스/앱/프로그램을 만드는 일을 하게 될 것이다. 생존에 필수적인 생물학적인 것을 제외한다면 인간이 '꼭' 해야 하는 것은 별로 없고, 대부분의 선택이란 '가능성의 폭'을 넓히기 위한 것이다. 현대 과학과 공학에서 수학과 컴퓨터가 차지하는 비중을 생각해 본다면 프로그래머가 수학을 잘 다룰 때 선택할 수 있는 가능성의 폭이 그만큼 넓어진다는 것은 자명하다.

Si 04

재미있는 수학 이야기

수많은 신호가 통신기기와 인공위성 사이를 오가며 이 세상을 채우고 있지만
우리 눈에는 보이지 않는 것처럼 수학도 우리 일상과 수많은 연관을 갖고
세상을 채우고 있지만 느끼지 못하는 경우가 많다.

수학적으로 0, 차원이 다른 이야기

직관적으로 잘 이해할 수 없는 것을' 개념적'으로 납득을 해보자. 수학을 싫어하는 사람이라면 글 중간중간에 나오는 수식은 건너 뛰어도 무방하다.

$$y = \frac{1}{x}$$

의 그래프를 생각해 보자. 그래프는 다음과 같다.

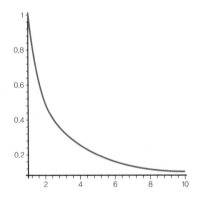

위 그래프를 y 축을 중심으로 회전을 시킨 후 x = 0부터 x = 1까지의 그래프를 생각해 보자. 아마 다음과 비슷할 것이다.

이 도형은 언뜻 생각하면 쉽게 이해할 수 없는 성질을 갖는다. 이 도형의 겉넓이는 무한대가 나오지만, 부피는 정해진 값이 나온다. 대학 1학년 정도의 간단한 이상적분이지만, 겉넓이는 손으로 구하기는 불편하니, 천재 수학자가 만족할 만한 프로그램이 없자 직접 만들어 버린 유명한 수학 소프트웨어를 써서 구하면[01],

수렴하지 않는다. 즉, 무한대이다. 그런데 부피는

---

01 https://www.wolframalpha.com/

보는 것처럼 Pi 가 나온다. 다시 말해, 만약 이런 도형이 있다면,

표면을 페인트 칠하면 무한한 양의 페인트가 필요하지만,
일정한 양만 있으면 그 안을 채울 수는 있다

는 것이다. 이것은 상식적으로 쉽게 납득이 가지 않는 문제이다. 이와 비슷한 예는 코흐 곡선이라고 하는 것에도 나온다. 코흐 곡선은 다음 그림과 같이 만든다.

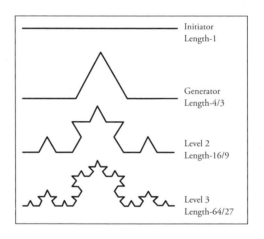

선분의 길이가 1인 선을 준비한다. 그 선을 3등분하고, 1/3과 2/3 지점과 그 중간점을 이용해서 정삼각형을 만든다. 이렇게 만들어진 선분에 이 작업을 계속적으로 반복한다. 그럴 경우 이 별의 겉넓이는 유한한 값(1.26)이 나오지만, 둘레의 길이는 무한대가 나온다. 즉, 둘레를 따라 선을 그으면 평생 그을 수 없지만, 넓이는 일정한 값이 나온다는 것이다. 프랙탈 도형에는 이런 예가 여럿 있다.

내가 이런 이야기(제일 처음 깔대기 모양의 상황)를 공대 다니는 친구에게 했을 때 그 친구가 말했다. "하지만, 실제적으로 그렇게 작은 깔대기를 칠할 수 있는 도구는 없잖아?" 역시, 공대생과 이과생의 생각의 차이를 느낄 수 있는 부분이었다.

일반적으로 수학을 하는 사람들은 현실과는 좀 동떨어진 상황을 설정한다는 비난을 듣기도 하며, 추상적으로 갈수록 실생활과 멀어지는 듯한 느낌이다. 그러나 이번 문제들 같은 경우도 실생활에 쓰이는 예가 있다.

점은 면적이 없다. 그래서 아무리 많은 점을 모아 놓아도 수학적으로 면적은 0이다. 이 사실은 전봇대나 가로등에 광고지를 못 붙이게 하는 데 사용된다.

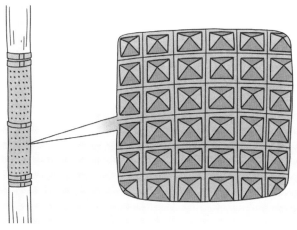

전단지를 붙이지 못하도록 끝이 뾰족하게 만든 덮개를 전봇대에 세운 모습과 일정 부분을 확대한 모습

표면을 이렇게 만들어 놓아서 점들만 있게 해 놓았다. 즉, 광고지를 이곳에 붙인다면, 이론적으로 광고지와의 접촉 면적이 0이 되기 때문에 붙일

수 없다. 물론, 현실에서는 저 뾰족한 사각뿔 끝이 완전한 점이 아니기 때문에 면적이 0은 아니지만, 어쨌든 처음보다 "상당히" 줄어든 것은 사실이고, 실제로 광고지가 거의 붙지 않는 것도 사실이다.

같은 원리는 나노 크기의 표면을 덮어 물과 맞닿는 면적이 줄어 든 잠수함에도 이용되었다.[02] 그리고 이런 예는 생물체에도 있다. 길이가 0.002mm인 대장균 안에는 길이가 1.7mm인 염색체가 있다. 또한 사람의 세포 1개에 있는 전체 DNA의 길이는 2m 정도 되고, 사람 몸에 있는 세포는 대략 10의 14승 개(100,000,000,000,000)이므로, 사람 몸 안에 있는 전체 DNA의 길이는 2x10의 11승(200,000,000,000)km 정도 된다. 이것은 지구를 5백만 바퀴 돌 수 있는 길이이며, 지구에서 태양을 1300번 정도 갔다 올 수 있는 길이이다. 바로 우리 몸 안에 그 길이의 염색체가 있다는 것이다! 어떻게 이런 일들이 가능할까? 다시 말해, 어떻게 우리 몸 속에 그렇게 "긴" 것이 들어 있을 수 있을까? 언뜻 납득이 가지 않을 수도 있으나, 수학적으로는 문제가 없다.

넓이는 2차원이기 때문에 아무리 넓어도 부피는 0이다. 즉, 부피를 계산하려면 "높이"가 있어야 하는데, 넓이 개념에 높이는 항상 0이기 때문에 면적의 부피는 0일 수밖에 없다. 따라서 깔대기 모양의 도형의 표면을 칠하는 데 필요한 페인트의 양은, 역설적으로 0이다. 왜냐하면, 아무리 넓어도, 결국 그 페인트칠의 두께가 0이어야 하기 때문이다. 이것은 현실적으로 불가능한 일이다. 아무리 얇게 페인트를 칠한다 해도, 그 두께가 0은 아니다.

---

02 2003년 10월 15일자 동아일보

두께가 0이라면 페인트를 칠한 것인가? 게다가 넓이가 무한이기 때문에, 필요한 페인트의 양은 무한대가 될 수밖에 없다. 즉, 표면을 칠하는 데 필요한 페인트의 양은, 이론적으로는 0이지만, 현실적으로는 불가능한 것이다.

이 문제는 조금 달리, 즉 유한한 부피를 갖는 물체 속에 무한한 넓이가 존재하느냐로 물어 볼 수 있다. 그렇다. 차원을 낮추어서, 유한한 넓이 속에 무한한 길이가 존재하는가? 라고 물을 수도 있다. 그렇다. "선"이라는 것은 "두께"를 갖지 않는다. 따라서 두께가 없는 펜으로는 아무리 선을 그어도 1cm x 1cm 되는 사각형을 다 칠할 수 없다. 마찬가지로, 두께가 0인 종이를 아무리 쌓아 놓아도 부피를 갖는 도형을 만들 수 없다. 겉넓이가 무한으로 발산해도 부피는 항상 0인 것이다.

이것은 실생활에서도 쉽게 알 수 있다. 똑같은 1m라 해도, 신발끈 1m와 실 1m의 부피는 매우 다르다. 같은 논리로, 같은 1m라 해도 실과 염색체의 부피는 매우 다르다. 따라서 "1차원적 속성만을 갖는다"라고 할 수 있을 정도로 가늘다면, 그것은 아무리 길어도 1차원적 속성만 갖는다고 할 수 있기 때문에, 넓이나 부피가 거의 0인 것이다. 그래서 우리 몸 안에 지구에서 태양을 1300번이나 갔다 올 수 있는 길이의 염색체가 들어가 있을 수 있는 것이다. 왜냐 하면, 염색체(좀 더 정확히는 DNA 이중 나선)는 굵기가 없다고 할 수 있을 정도로 매우 가늘기 때문이다.

깔대기 모양의 문제는 2차원과 3차원의 문제였으며, DNA의 문제는 3차원과 1차원의 문제였다.

또 다른 한 예를 들면, 비가 올 때 산의 계곡이다. 흔히 우리가 일기 예보에서 듣는 강우량은 비가 내리는 전체 면적을 대상으로 몇 mm의 비가 쌓이는가, 에 대한 것이다. 10mm의 강수량이라면 비가 내리는 전지역에 겨우 1cm의 높이만큼 물이 쌓일 정도의 비가 온다는 것이다. 직관적으로는 겨우 1cm이므로 비가 적게 온 것처럼 느껴질지 모르지만 산의 계곡에서는 다른 문제이다. 산을 지평면에 수평하게 자른 면적에 1cm만큼의 물이 내리고, 그것이 계곡으로 전부 몰린다. 즉, 계곡에 맞닿아 있는 산의 면적에 내린 모든 빗물이 계곡으로 몰린다. 마치 2차원 평면을 구겨서 1차원의 선(계곡)으로 모으는 것과 같다. 수학적으로는 선은 아무리 모아도 면적은 0이어서 아주 작은 면적의 평면에서 무한의 길이의 선이 나올 수 있고, 현실적으로는 평면에 내린 10mm의 강수량은 계곡을 가득 채울 수 있을 정도인 것이다. 이러한 수학적 내용을 잘 모르는 사람이라도 산에 익숙한 사람이라면 적은 강수량에도 산 속의 계곡은 물이 넘칠 수 있다는 것을 경험적으로 알 수 있지만 그러한 것을 경험해 본 적이 없는 사람들은 '평면'에 내린 적은 강수량만을 생각하여 '선'에 가까운 계곡에 물이 매우 많아질 것을 생각하기 힘들기 때문에 뉴스에 나오게 되는 것이다.

통계적 검정과 p-value

통계에서 자주 사용되는 방법은 주로 전체 집단을 모두 조사할 수 없기 때문에 그 중 일부만을 선택하여 조사하여 그 결과가 전체 집단의 속성을 반영할 것이란 가정 하에 이루어진다. 한국인 모두의 키를 조사하기보다는 각 연령 별로 1000 명씩만 조사하여 그 평균 키가 각 연령의 전체 한국인의 평균 키를 반영할 것이라는 것과 같은 방식이다. 통계에서 자주 나오는 개념인 p-value는 바로 이렇게 전체 집단의 일부분만을 추출하여 얻은 값을 이용하여 특정 가설이 받아들일 만한 것인지 아닌지를 판단하는 기준 값으로 널리 이용된다. 통계를 사용하는 많은 사람들에게 이 p-value의 개념과 왜 p-value가 낮을 때 가설을 기각하는지 등에 대한 개념이 난해한 것으로 보인다. 데이터 분석을 하다 보면 수많은 통계적 기법들을 고안하고, 사용하고, 구현하게 되는데, 이 때 이 p-value의 개념을 제대로 알고 있지 못하면 결코 유용한 분석을 할 수 없다. 이처럼 중요한 개념임에도 불구하고 난해한 p-value는, 그러나 사실 우리가 일상에서 흔히 사용하는 생각의 방식을 조금 더 수학적으로 표현한 것에 불과하다.

철수는 집에서 회사까지 시내 버스로 한 번 갈아 타며 출근하며 대략 1시간 정도 걸린다고 해보자. 독자는 여기에 자신의 상황을 대입하면 더 이해하기 쉽다. 오늘 철수의 출근 시간은 50분 걸렸다고 한다. 철수는 버스를 타고 왔을까? 아마도 그랬을 것 같다. 평균적으로 1시간 걸리기 때문에 도로에 차가 별로 없는 날이나 유독 빠르게 운전하시는 기사님이 운전할 때,

혹은 정류장에 도착하자 마자 버스가 오고, 버스에서 내리자 마자 다음 버스가 오는 등 운이 좋으면 10분 정도 더 빨리 도착할 수도 있을 것이다. 다음 날 철수는 출근 시간이 40분 걸렸다고 해보자. 철수는 버스를 타고 왔을까? 그럴 수도 있겠지만 버스를 타고는 좀처럼 평소보다 20분 일찍 도착하기 힘들 것 같다. 이 경우 뭔가 다른 교통 수단을 이용했거나 집이 아닌 다른 곳에서 출발했을 것 같다. 어쨌든 40분 걸렸다면 철수가 집에서 평소처럼 버스를 한 번 갈아 타고 출근했을 것 같지는 않다. 이번에는 출근 시간이 20분 걸렸다고 해보자. 이 경우 거의 확실히 평소처럼 집에서 출발해서 버스를 한 번 갈아타고 출근하지는 않았을 것이다. 왜냐 하면 출퇴근 시간 대에 평소처럼 버스를 타고 출근한다면 20분만에 회사에 도착할 수 있는 상황이 거의 없을 것이기 때문이다. 이번에는 출근에 5분 걸렸다고 해보자. 평소에 60분 정도 걸리던 거리가 5분만에? 이 경우는 확실히 버스가 아닌 다른 방법으로 왔다. 이러한 생각의 흐름은 우리가 일상적으로 하는 것이다. 이러한 생각의 흐름이 p-value에 그대로 녹아 있다.

p-value는 "귀무가설(null hypothesis, H0)이 맞다는 전제 하에, 통계값(statistics)이 실제로 관측된 값 이상일 확률"로 정의된다. 이 의미를 위의 철수의 출근 시간에 하나하나 적용해 보자. 위 정의는 '이상'으로 정의되어 있지만 상황에 따라 "이하"로도 해석할 수 있으며 철수의 출근 시간은 "이하"로 생각하고 진행하자. 귀무 가설은 "철수는 평소처럼 출근 시간에 집에서 출발해서 시내 버스를 한 번 갈아 타고 출근했을 것이다." 이다. 이 귀무가설이 맞다면 출근 시간은 평균적으로 60분이다. 오늘 출근 시간이 50

분 걸렸다면, 평균적으로 60분 걸리는 상황에서 50분 혹은 50분보다 더 적게 출근이 걸리는 일은, 뭐, 그리 드물지 않게 일어날 수는 있다. 이 경우 p-value는 쉽게 이야기 해서 출근 시간이 50분 혹은 50분보다 적게 걸리는 비율(확률)로 생각할 수 있다. 철수가 한 달에 20번 출근하면 대략 5번 정도는 50분보다 적게 걸렸다면 이 경우 p-value는 5/20, 즉, 0.25가 되는 것이다. 그런데 출근에 40분이 걸렸다면? 이런 경우는 아마 흔치는 않아도 또 아주 없지는 않을 것이다. 대략 한 달에 한두 번 정도는 있을 수 있을 것 같다. 그렇다면 이 경우 p-value는 1/20 혹은 2/20, 이어서 0.05나 0.1 정도 된다. 뭐, 한 달에 한두 번 정도 있을 수 있는 일이니 40분 걸렸는데 버스 타고 왔다고 하면 그랬을 것 같다. 그런데 20분 걸렸다면? 평소 버스로 60분 걸리던 출근 길이 20분? 아주 없지는 않겠지만 이런 일이 거의 없을 것 같다. 1년에 한 두 번 정도? 그렇다면 20분 걸리는 것에 대한 p-value는 1/200 정도, 즉, 0.005, 매우 작다. 이 경우 귀무가설, 즉, "철수는 평소처럼 출근 시간에 집에서 출발해서 시내 버스를 한 번 갈아 타고 출근했을 것이다."를 받아 들이기가 어렵다. 왜냐 하면, 이 가설이 맞다는 가정 하에선 철수의 평균 시간이 대략 평균 60분인 것을 우리가 알고 있는데, 20분 걸렸다고 하는 것은 철수의 평균 시간 분포에서 아주 희박하게 발생하는 사건이기 때문이다. 물론, 그런 일이 있을 수는 있다. 하지만 우리는 일반적으로 우리가 겪는 상황은 확률적으로 발생하기 아주 어려운 일은 아닐 것이라는 가정 하에 살고 있고, 통계적 검정도 이 가정을 이용하곤 한다. 참고로 필자는 대학 때 출근 시간대에 가면 보통 1시간 넘게 걸리던 거리가, 첫 차를 타고 가보니 20분만에 가는 것을 경험했는데, 신세계를 만난 듯하였고, 그 후 2년 간 첫 차를 타고 통학하였다. 시내 버스가 대부분의 정류장을 무정차 통과하였고, 사람이 없어서 교통량이 많은 강남대로와 동대문 앞 거리가 텅 텅 비어 있을 정도였다.

일상에서 친구에게 "야, 그게 말이 되냐?" 하는 것은 일반적으로 그 일이 발생하는 정도를 우리가 알고 있는데 네가 말한 그것은 실제로 발생하는 일이 매우 희박하기 때문에 믿을 수 없다, 고 하는 것이다. 이것이 p-value 의 개념이다. 네 말이 맞다면 (귀무가설이 맞다는 가정 하에) 그 일이 발생하는 정도를 우리가 알고 있는데 (관측되는 값의 분포를 우리가 알고 있는데), 네가 말한 그 일이 발생할 확률(관측한 값 혹은 그보다 더 극단적인 값이 관측될 확률)이 매우 낮으니, 안 믿겠다, 하는 것이다. 즉, 귀무가설을 기각하는 것이다.

Sec 05

알고리즘과 수학

"실제로 현실에서 우리가 만나는 문제들에 대한
수학적 해결책들은 처음부터 그러한 해결책이 곧바로 나오는 것이 아니라
여러 단계의 정교화 과정을 거치게 된다."

수학적 사고력이 사용된 알고리즘들에 대해서 살펴 보자. 처음 두 주제는 수식 없이도 표현 가능한, 단지 수학적 사고 및 정교화가 주가 되는 문제이고, 다음 내용은 상관계수에 관한 것으로 간단하지만 수식이 있는 내용이며, 마지막은 대소관계에 관한 것으로 결코 어려운 수식은 없지만 증명과 정의가 주를 이루는 것으로 다소 '수학적'인 것이다. 수학을 전공하는 사람들을 옆에서 보면 무시무시한 공식이 나오는 것보다는 마지막 주제처럼 수식은 최소화되어 있고 그냥 소설처럼 글만 쭉 써 있지만 수학적인 내용인 경우가 많다. 한 때 필자와 함께 기숙사를 썼던 룸메이트는 KAIST 수학과 학부를 3년 조기 졸업을 하면서도 최우수 졸업을 하고 박사 과정을 밟고 있던 대학원생이었는데, 어느 날 들어 가니 "형, 이거 봐." 하면서 내게 5줄 정도 되는, 그냥 언뜻 보았을 때는 산문같이 수식이 하나도 없는 증명을 보여주었다. "교수님이 "너 그거 어떻게 풀었냐?" 해서 이거 보여 줬어." 하면서 매우 뿌듯해 했다. 또한 필자가 학부 때, 부전공인 수학과 시험 준비를 하고 있던 필자에게 과 동기인 생물학과 친구가 "시험 문제 어떻게 나와? 연습문제에서 숫자 조금 바꿔서 나와?", 그래서 필자는 "아니. 문제에 숫자나 공식이 없어."라고 답을 했었다. 비전공자들에게는 비록 수식이 하나도 없어도 오히려 그렇게 수식이 없는 내용이 조금 더 어렵게 느껴질 수 있다.

모든 부분집합

문제는, 말 그대로 간단하다. 주어진 배열의 모든 부분집합을 구해내는 것. 아래의 알고리즘은 수학에서 흔히 사용되는 '일반화'의 방식을 따랐다. 즉, 세 변이 3각형을 이루려면 두 변의 길이의 합이 나머지 한 변의 길이보다 길어야 한다. 이것을 일반화하면 n 개의 변이 n 각형을 이루려면 n-1개의 변의 길이의 합이 나머지 한 변보다는 길어야 한다. 이와 같은 '일반화'를 적용해서 쉬운 경우에 대한 아이디어에서 출발하여 곧바로 일반화한 방법으로 변경한 후 원하는 알고리즘을 완성한 경우이다.

우리가 일반적으로 주어진 배열에 대하여 k개의 원소로 된 부분집합을 다 구하고자 할 때는 다음과 같은 절차를 따르게 된다. 쉬운 것부터 시작하자. k가 2인 경우를 살펴 보자.

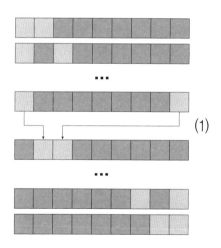

(1)

위에서 회색이 선택한 요소라 하자. 우선 가장 왼쪽의 요소 2개를 선택할 것이다. 그후 가장 오른쪽 요소를 한 칸 오른쪽으로 옮긴다. 이런 식으로 계속 오른쪽으로 한 칸씩 옮기면서 2개로 된 부분집합을 만들어 나가는 것이다. 그러다 더이상 움직일 수 없다면 (이 부분이 중요하다) 이제 바로 앞의 요소를 한칸 오른쪽으로 옮기는 것이다. 물론 이 단계에서 가장 오른쪽에 있던 요소는 다시 앞으로 이동을 하되, 현재 오른쪽으로 옮긴 요소보다는 바로 앞 칸에 있어야 할 것이다(위 그림에서(1) 이라고 표시된 부분).

위 절차를 일반성을 잃지 않고(without loss of generality[01]), 자연수 k개로 확장하면 우리가 원하는 알고리즘이 된다. 즉, 이 문제는 k가 2일 때의 방법이 쉽게 k가 3 이상인 경우에도 그대로 적용됨을 알 수 있다. 어떻게? 다소 직관적인 것 같아서 이 부분은 설명이 좀 힘들다. 어쨌든 그래서 그 다음 단계인 코딩 단계로 넘어갈 수 있다. 이와는 달리 이러한 것이 난해한 것의 예로는 교집합에 속하는 원소의 개수를 구하는 문제가 있다. 세 개의 집합이 있을 때 그 세 교집합의 개수를 구하는 공식을 4개 이상의 집합이 있을 때의 교집합의 개수로 확장하기는 위 문제처럼 그리 쉽지는 않다.

위의 방법을 코드로 나타내면 다음과 같다.

```
01  def range2(start, end):
02      R = [];
03      i = start;
04      while i<end:
05          R.append(i);
06          i = i+1;
07
```

---

01 수학 책에 자주 나오는 관용구이다. 그만큼 이러한 일반화가 수학에선 자주 쓰인다.

```
08          return R;
09
10   def copy(src_list, index_list):
11          result = [];
12          for i in index_list:
13                  result.append(src_list[i]);
14
15          return result;
16
17   def forward_index(idx, max_length):
18          changed = False;
19          r = range2(0,len(idx));
20          r.reverse();
21          idx_length = len(idx);
22          for i in r:
23                  if idx[i] == max_length - idx_length + i:
24                          continue;
25                  else:
26                          # 이 부분이 위 그림에서 (1)이라고 표현된 부분
27   idx[i] = idx[i] + 1;
28                          for j in range2(i+1, idx_length):
29                                  idx[j] = idx[j-1]+1;
30                          changed = True;
31                          break;
32
33          if changed == True: return idx;
34          else:
35                  return [];
36
37   def ksubset(L, k):
38          src_length = len(L);
39          if src_length < k: return [];
40          if src_length == k: return [L];
41          if src_length == 0: return [];
42
43          max_length = src_length;
44          ksubsets = [];
```

```
45          idx = range2(0,k);
46          while idx != []:
47                  subset = copy(L, idx);
48                  ksubsets.append(subset);
49                  idx = forward_index(idx, max_length);
50
51          return ksubsets;
52
53  def allsubsets(L):
54          result = [];
55          for i in range2(1,len(L)):
56                  k = ksubset(L,i);
57                  result.extend(k);
58
59          return result;
60
61  def main():
62          a = [-1,0,1,2];
63          K = allsubsets(a);
64          print(K);
65
66  if __name__ == '__main__':
67          main();
```

결과는 다음과 같다.

```
[[-1], [0], [1], [2], [-1, 0], [-1, 1], [-1, 2], [0, 1], [0, 2],
[1, 2], [-1, 0, 1], [-1, 0, 2], [-1, 1, 2], [0, 1, 2]]
```

우리는 간단하지만 많이 사용되는 알고리즘을 아이디어에서부터 시작하여 실제 코드까지 구현해 보았다. 아이디어에서 핵심적인 부분은 작고 단순해 보일 수 있다. 이 아이디어의 경우 필자는 앞선 그림의 (1)이라고 되어 있는 부분을 떠올리자 이 문제가 풀릴 것 같았다. 그 후 실제로 이 아이디어를 코드로 구현하기 위해 여러 가지 전/후처리 작업이 필요했다. 이처럼 단순한 아이디어에서 시작하여 그것을 구현하는 것을 꾸준히 연습한다면 프로그래밍 능력뿐만이 아니라 문제 해결 능력까지 키울 수 있을 것이다.

다익스트라 알고리즘

다음으로 살펴 볼 것은 전산과 관련자라면 누구나 들어 보았음직한 다익스트라의 최단 경로 알고리즘이다. 이 글은 다익스트라 알고리즘 자체를 이야기하기 위한 것이 아니라 어떻게 아이디어를 정교화하는지를 보여주기 위한 글이다. 누구나 이해할 수 있는 매우 쉬운 생각에서 시작해서 정교화 과정을 거치면 우리가 익히 알고 있는 다익스트라 알고리즘이 나오는 것을 보여 줄 것이다. 실제로 현실에서 우리가 만나는 문제들에 대한 수학적 해결책들은 처음부터 그러한 해결책이 곧바로 나오는 것이 아니라 여러 단계의 정교화 과정을 거치게 된다. 그 과정을 여러 명이 긴 시간동안 수행한 결과물이 논문이나 교과서에 실리고, 우리는 그것을 배우는 것이기 때문에 교육 과정 중에는 그 과정을 경험할 기회가 별로 없지만 실제로 일을 할 때 보내는 시간의 대부분은 그러한 최종 결과물을 얻기까지의 과정이다. 물론 그 결과물은 하나의 공식으로 정리되곤 하기 때문에 그 공식에 녹아 든 시간과 노력은 잘 안 보이는 경우가 많지만 말이다. 이 글은 바로 그렇게 잘 안 보이는 과정을 조금이나마 보여 주기 위한 것이다.

다익스트라 알고리즘은, 주어진 경로(그래프)에서 시작점이 주어졌을 때, 각 점으로 가는 최단경로를 구하는 알고리즘이다. 어느 날 필자는 다익스트라가 어떻게 그 알고리즘을 생각했는지 궁금했다. 그래서 필자 스스로 이 문제를 해결하기 위해 여러 아이디어들을 생각하다 괜찮은 하나가 나왔고, 그것을 알고리즘으로 바꾸자 다익스트라 알고리즘이 되었다.

아이디어는 매우 단순하다. 우선 출발점과 시작점을 생각한 후, 두 지점을 잇는 최단 경로는 두 점을 양끝으로 잡아당겼을 때 생기는 직선이라는 것이다.

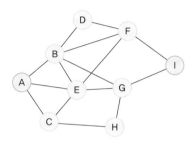

위와 같은 그래프가 주어져 있고, A와 I를 잇는 최단 경로를 알고자 한다면, A와 I를 잡고 양 끝으로 잡아 당기면 되는 것이다.

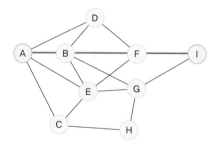

다시 말해, 도착점이 어디든 그 점과 시작점을 잡고 양끝으로 잡아당겼을 때 생기는 경로가 그 두 점을 잇는 최단경로라는 것이다. 여기까지는 단순한 사실이기 때문에 많은 사람이 이러한 단계까지는 쉽게 도달한다. 문

제는 이 이후의 단계인 정교화 과정을 어려워하기 때문에 좋은 아이디어를 갖고도 좋은 해결책을 제시해주는 것에까지 도달하지 못하는 경우가 많다는 것이다. 어떠한 과정인지 살펴 보도록 하자. 조금은 지루할 수도 있지만 시작 후 얼마 안 있어 명확해지므로 지루하더라도 조금만 참고 읽어 보도록 하자. 이제 문제는 어떻게 중간에 있는 노드들을 찾을 것인가 하는 것이다. 결국 시작점과 인접한 노드들부터 그 거리를 계산해야 하는데, 그림으로 나타내면 다음과 같다.

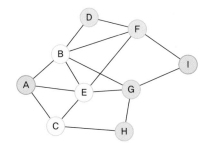

우선 A의 인접 노드들을 생각해 보자. 아직 이 노드들 중 없애야 할 것을 알 수는 없다. 따라서, 이 인접 노드들의 인접 노드들을 생각해 보자.

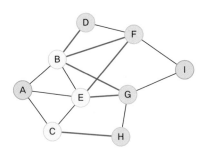

위 그림에서 보면 붉고 굵은 선으로 되어 있는 경로에 연결된 D, F, G, H가 A에서 거리(여기서 모든 엣지edge는 거리가 1로 가정)가 2인 노드들이다. 이 노드들 중에 특히 G를 생각해 보자. 왜냐 하면 A에서 G로 가는 길이가 2인 경로가 여러 개이기 때문이다.

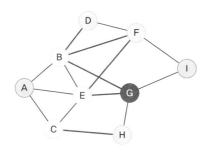

이 경우, A에서 G로 가는 경로만 따로 떼어서 생각을 해보면,

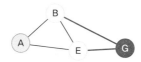

최단 경로는 결국 A와 G를 양끝으로 잡아 당긴 경로이다.

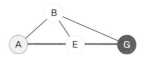

이 경로를 다시 원래의 그래프로 가져가면,

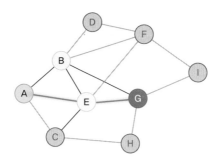

이렇게 된다. 이것은, 즉, A에서 G로 가는 3개의 경로

A -〉 B -〉 G

A -〉 E -〉 G

A -〉 B -〉 E -〉 G

중 A -〉 E -〉 G 를 선택해야 함을 의미한다. 지금까지의 생각을 이전 글인 모든 부분집합을 찾는 내용에서와 같이 일반화를 하면 다익스트라 알고리즘이 된다. 즉, A에서 G까지 가는 최단 경로를 구하는 방법을 이제 G 뿐만이 아니라 다른 노드들을 가는 최단 경로를 찾는 데 이용하면 되는 것이다. 위 방법을 조금은 더 쉬운 표현인 트리로 바꾸어서 다시 살펴 보자. 이것이 실제로 필자가 거친 생각의 정교화 과정이다. 즉, 트리로 바꾸어도 똑같은 논리를 따라 갈 수 있다. 이제, 본격적으로 문제를 풀어 보자.

우선 각 엣지(edge)가 다른 길이를 갖는 그래프를 하나 만들자.

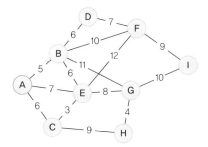

A에서 출발할 것이므로, A를 루트 노드(root node)로 두고 한 단계 덧붙이자.

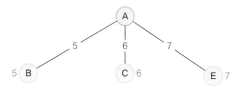

역시 이 단계에선 버릴 노드를 알 단서가 없다. 한 단계 더 덧붙이자.

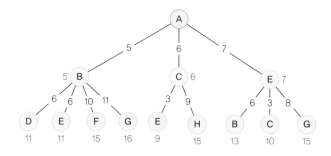

이 단계에선 여러 노드가 겹치는 것을 볼 수 있다. E를 생각해 보자. 결국 이것은 A에서 E로 가는 여러 경로가 존재함을 의미한다. 이 여러 경로 중 어느 것을 선택할 것인가는 자명하다.

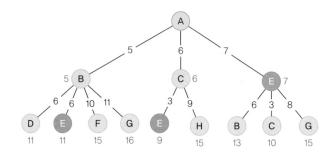

A에서 E로 오는 경로가 가장 짧은 것만 남겨 두고 나머지는 버린다. 이 단계가 바로 위에서 그래프를 실로 된 것으로 생각했을 때 시작 노드와 끝 노드를 양끝으로 잡아 당기는 상황을 표현한 것이다.

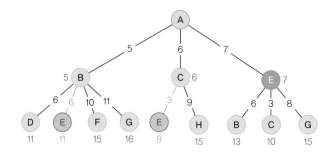

이런 식으로 나머지 겹치는 노드들에 대해서도 같은 절차를 적용하면 결과적으로 다음과 같이 된다.

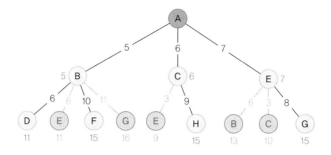

이젠 더이상 버릴 노드가 없다. 이 상태에서 남아 있는 노드들을 가지고 한 단계 또 늘려 보자.

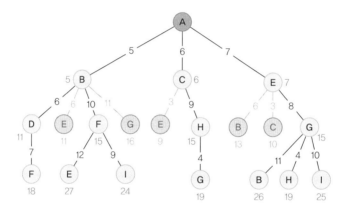

역시 같은 논리로, 새로 추가된 노드들에 대하여, 그 노드로 가는 중복 경로 중 가장 짧은 것만 남기고 나머지는 지운다. 그러면 다음과 같이 된다.

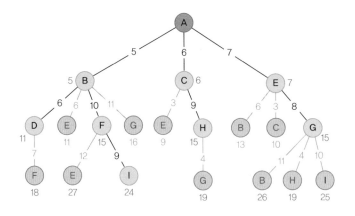

이제 더 이상 추가할 노드가 없다. 그러므로 끝이다.

그냥 단순히 그래프에서 양 끝으로 잡아 당기는 것은 약간 혼동될 수 있는데, 트리로 바꾼 것은 쉽게 이해할 수 있는 형태이다. 트리로 표현한 절차를 알고리즘으로 옮기면 정확히 다익스트라 알고리즘이 된다.

지금까지 다익스트라가 최단 경로 알고리즘을 어떻게 생각해냈을까를 알아내는 과정을 통해 어떻게 아이디어를 정교화하는지를 알아보았다. 여러분은 꼭 자신이 사용하는 언어를 이용하여 이 아이디어를 직접 구현해 보기를 바란다. 그 후 다시 다익스트라의 알고리즘을 살펴 보면 자신이 구현한 것이 그것과 같음을 알 수 있을 것이다.

상관계수

상관계수는 수많은 통계적 분석 및 인공지능 등에서 중요한 개념이다. 수학적 모델이나 통계적 모델, 인공 지능의 모델들은 주로 어떠한 것을 예측하는 것에 목적이 있다. 그 예측 모델이 시간을 필수 요소로 갖고 있는 경우도 있고, 시간과는 상관없이 특정 확률에 대한 경우도 있다. 인공 지능은 '정답'이라고 찾은 것을 제시하는 것이 아니라, 인공 지능 설계자가 설정한 목표를 만족시키는 확률이 가장 높은 것을 제시하는 경우가 많다. 이렇게 여러 모델에서 필수적으로 사용되는 것은 목표로 하는 특성을 잘 대변해 주는 다른 특성을 찾는 것이다. 다시 말해, 중요하지만 실제로 측정하기는 힘든 목표 특성값을 알아 내기 위하여 상대적으로 측정하기 쉬운 특성들 중 그 목표 특성값과 관계가 깊은 특성을 찾아 내어 그 특성값들의 조합으로 목표 특성값을 '추정'하는 것이다. 이렇게 두 특성 사이의 연관이 얼마나 깊은가를 수로 표현할 수 있는 여러 방법 중 널리 이용되는 것이 상관계수이다. 딥러닝이 널리 이용되기 전에 사용되던 머신러닝 방법론들은 중요한 특성값이 무엇인지 지정해 주는 것이 매우 중요한 문제였다. 딥러닝은 그러한 것을 극복하며 '일단 구할 수 있는 특성값은 다 사용해 봐라, 딥러닝 알고리즘이 중요하지 않은 특성값은 알아서 없애버릴 테니까'라고 하였고, 이로 인해 중요한 특성값을 미리 찾는 고생을 해야 했던 인공지능 연구자들은 빠르게 딥러닝 쪽으로 고개를 돌렸다. 그래서 혹자들은 딥러닝이 있으니 상관계수는 몰라도 된다, 라고 할지도 모르겠으나, 실제로 작업을 해보면 여전히 특성 중 목표로 하는 것과 아무 상관이 없는 특성은 제거를 해주는 작업을 연구자가 미리 해주는 것이 성능 향상에 도움이 될 때가 많다. 특히 생물학처럼 특성의 종류 (가령 유전자)가 1~2만여 개 이상이 가능할 때 그중 목표로 하는 특성(예를 들면 암환자의 재발 확률)과 아무런 상관이 없는 특성은 미리 제거를 해 준 후 딥러닝을 수행하는 것이 성능 향상에 큰 도움이 된다. 그래서 상관계수 및 그와 연관된 기초적인 내용을 탄탄히 익혀 두는 것은 여전히 중요하다. 이 글은 상관계수 중 가장 널리 이용되는 것의 내용을 살펴 볼 것이다.

두 변수의 관계, 특히 선형 관계를 확인할 때 사용할 수 있는 값이 상관계수 1이다. 일반적으로 많이 사용되는 값은 피어슨 상관계수(Pearson's correlation coefficient)로 다음과 같은 공식으로 얻는다. 정의이니 그냥 그러려니 하고 받아 들이면 된다, 알파벳이나 한글을 받아 들이듯이.

$$\rho_{X,Y} = \frac{cov(X,Y)}{\rho_X \rho_Y} \tag{1}$$

$$= \frac{\mathbf{E}\left[(X - \mu_X)(Y - \mu_Y)\right]}{2} \tag{2}$$

$$= \frac{\mathbf{E}(XY) - \mathbf{E}(X)\mathbf{E}(Y)}{\rho_X \rho_Y} \tag{3}$$

X와 Y의 공분산(covariance)을 X, Y 각각의 표준편차로 나누어주기 때문에 PCC(피어슨 상관계수) 값은 X와 Y의 단위(scale)에 의존하지 않는다. 즉 X보다 Y가 일반적으로 천 배가 큰 수(예를 들어 X는 kg로 표현한 몸무게, Y는 mm로 표현한 키)여도 유의미한 값을 갖게 된다. 이와 같이 단위(scale)에 의존

하지 않는 성질을 척도 불변성(scale-invariant)이라 한다.

공식 (1) ~ (3)은 모집단의 상관계수를 구하는 공식이고, 만약 모집단의 일부인 샘플을 이용하여 모집단의 PCC를 찾고자 할 때는 다음과 같은 공식을 이용할 수 있다.

$$
\begin{aligned}
r_{x,y} &= \frac{\sum x_i y_i - n\bar{x}\bar{y}}{(n-1)s_x s_y} \tag{4} \\
&= \frac{n\sum x_i y_i - \sum x_i \sum y_i}{\sqrt{n\sum x_i^2 - \left(\sum x_i\right)^2}\sqrt{n\sum y_i^2 - \left(\sum y_i\right)^2}} \tag{5}
\end{aligned}
$$

(3)번 공식에 있는 모평균과 모분산을, 그 각각에 대한 가장 좋은 추정치(MLE)인 표본의 평균과 표본의 표준편차로 바꾸어 준 공식이 식(5)가 되는 것이다.

PCC의 특징 중에 하나는 X와 Y의 크기, 이동에 의존하지 않는다는 점이다. 즉,

$$
\rho(X_i, Y_i) = \rho(\alpha X_i + \beta, \gamma Y_i + \delta)
$$

주의할 것은, 같은 상관계수 값을 갖는다는 것과 분포 양상이 같다는 것은 다른 의미이다. 위키에 있는 그림에서 이 예를 보면 다음과 같다.

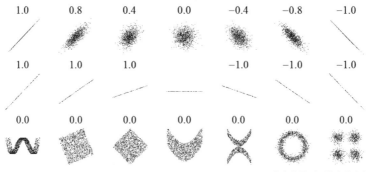

다루는 데이터에 따라 '분포가 비슷하다' 는 것의 의미가 달라질 수 있는데, 만약 두 데이터의 선형관계 중 기울기가 비슷한 것인가를 보기 위해서는 선형회귀시킨 것의 알파(alpha) 값, 즉 기울기를 따로 보아야 한다. 즉, 위 그림에서 첫 번째 줄에 있는 데이터들은 기울기는 대부분 비슷하나 데이터에 잡음이 섞여서 데이터가 퍼진 정도가 변하기 때문에 PCC 값이 작아지는 것을 볼 수 있다. 실제가 그렇다. 깔끔한 그림은 그냥 예제에나 있는 것이고, 실제로 대부분의 측정 장비들은 잡음이 들어 갈 수밖에 없기 때문에 대부분의 경우 잡음이 섞인 데이터를 분석하게 된다.

r 값, 즉 PCC 값의 제곱은 흔히 말하는 r 제곱값(r-square)으로, 결정계수값(coefficient of determination)으로 불리는데, 한 변수의 변화량이 다른 변수의 변화량으로 얼마나 설명될 수 있는 것인가를 의미한다. 만약 이 값이 1이면 한 변수의 변화량으로 다른 변수의 변화량을 100% 표현할 수 있다 하겠다.

PCC 값에 대한 p-value도 존재하는데, PCC 값이 0이 아닌 것에 대한 통계적 유의미함을 표현한다. 이와 같은 값이 필요한 이유는 모집단의 PCC 값이 0이어도 샘플링을 할 경우 우연히 PCC 값이 0이 아닌 값이 되도록 샘플링 될 수 있기 때문이다. 같은 통계적 유의미함(같은 p-value)에 대해서는 데이터 개수가 크면 클수록 PCC 값이 작아진다는 것을, 다시 말해, 데이터를 많이 샘플링 할수록 PCC 값이 작아도 유의미해진다는 것을 예측할 수 있고, 실제로도 그렇다. 위와 같은 생각을 C++ 코드로 나타내면 다음과 같다.

```cpp
01  // y_i = _alpha * x_i + _beta + epsilon
02  bool get_correlation(
03      const std::vector<double>& x,
04      const std::vector<double>& y,
05      double* const corr,
06      double* const _alpha,
07      double* const _beta)
08  {
09      if(x.size() != y.size()) return false;
10
11      int n = (int)(x.size());
12      if(n < 2) return false;
13
14      std::vector<double>::const_iterator xpos = x.begin();
15      std::vector<double>::const_iterator ypos = y.begin();
16
17      double x_sum = 0;
18      double y_sum = 0;
19      double x_square_sum = 0;
20      double y_square_sum = 0;
21      double xy_sum = 0;
22
23      for(; xpos != x.end(); xpos++,ypos++){
24          x_sum += *xpos;
```

```
25          y_sum += *ypos;
26          x_square_sum += (*xpos * *xpos);
27          y_square_sum += (*ypos * *ypos);
28          xy_sum += (*xpos * *ypos);
29      }
30
31      if(fabs(x_square_sum) < 1e-20 || fabs(y_square_sum) <
1e-20) return false;
32
33      if(corr != NULL){
34          *corr = (n*xy_sum-x_sum*y_sum)/(sqrt(n*x_square_
sum-x_sum*x_sum)*sqrt(n*y_square_sum-y_sum*y_sum));
35      }
36      double alpha = (x_sum*y_sum-n*xy_sum)/(x_sum*x_sum-n*x_
square_sum);
37      double beta = (x_sum*xy_sum - y_sum*x_square_sum)/(x_
sum*x_sum-n*x_square_sum);
38      if(_alpha != NULL){
39          *_alpha = alpha;
40      }
41      if(_beta != NULL){
42          *_beta = beta;
43      }
44
45      return true;
46  }
```

여기서 주의할 것은 상관계수는 두 변수 사이의 인과관계를 설명하지 않는다는 것이다. 이것은 너무나도 자주 오해되기 때문에 아주 오래 전부터 이러한 오류에 대한 주의가 있어왔고, 심지어 라틴어 문구에도 있다.[02] 상관 계수는 단지 두 변수가 관련이 있는지 없는지만을 나타낼 뿐 그 둘 사이의

---

02 Cum hoc ergo propter hoc.

인과성을 나타내지는 않는다. 키와 신발 크기는 분명 상관계수가 크겠지만 큰 신발을 신는다고 해서 키가 커지지 않는다. 또는 오후 2시부터 3시까지 강남역 6번 출구에서 나오는 여자들이 입고 있는 옷의 무게와 그 날 오후 2시의 기온은 음의 상관관계를 갖겠지만 여자들이 한겨울에 가벼운 옷을 입는다고 해서 온도가 올라가지는 않는다. 언론에서 자주 이것을 혼동하는데, 예를 들면 주가지수가 떨어지는 것과 자살인구의 상관계수를 주가지수가 떨어져서 자살자가 많아졌다고 해석하는 것과 같은 것이다. 담배가 보급되면서 평균수명이 급격히 증가했는데, 이것을 담배가 평균수명을 증가시킨 요인으로 해석하지는 않아야 한다. 담배가 보급될 즈음 공중위생이란 개념이 등장했기 때문에 평균수명이 증가한 것이다.

　이 글에서 설명한 것은 두 변수의 '선형관계'만을 고려한 것이다. 그러나 두 특성이 비선형적으로 관련을 가질 수도 있으며 그 때는 스피어먼의 순위 상관(Spearman's rank order correlation)을 이용하면 된다. 그런데 두 변수가 이 두 상관계수 값으로 표현이 불가능한 경우들도 있다. 예를 들면,

－ 이미지 출처: 위키피디아

　데이터가 위와 같은 관계를 갖고 있을 때 위 두 상관계수 값은 0이거나 매우 작다. 그런데 위와 같은 경우처럼 어떠한 '형태'를 띄는 것 － 그 '형태'가 무엇인지 미리 지정할 필요도 없다 － 같은 관계를 모두 잡아 내는 수

치가 있다. 바로 상호의존 정보(mutual information)라는 것이고, 이것을 조금 더 응용한 것이 2011년에 사이언스(Science)에 출판되었다. Maximal Information Coefficient라는 이름으로[03]. 같은 호의 논문에 저 본 논문을 소개하는 기사의 제목은 "21세기를 위한 상관계수(A correlation for the 21st Century)"였다. 본 논문은 공개용 논문으로 무료로 읽을 수 있으니[04] 관심 있는 독자는 직접 읽어 볼 것을 권한다. 매우 쉬운 내용에서 출발하여 수학적으로 발전되어 가는 과정이 상술되어 있다. 이 논문이 출판된 후 MIC 말고 MI만으로도 충분하다, 라는 논문도 나오는 등 여러 논의가 이어졌다. 수학적 엄밀성은 그것을 업으로 하는 사람들에게 맡기고 우리는 MIC가 구현된 라이브러리를 사용하면 될 것으로 보인다. MIC는 minepy라는 파이썬 모듈로 제공되고 또한 C++ 인터페이스(interface)를 제공해 주고, 단독 프로그램도 제공해 준다. 필자가 사용한 라이브러리 중 수학 관련 라이브러리 중에선 데이터 분석에 가장 도움이 되었던 라이브러리이다.

---

03 Detecting Novel Associations in Large Data Sets, 2011, Science, 334(6062):1518-1524

04 https://www.ncbi.nlm.nih.gov/pubmed/22174245 에서 PMC Full text 라고 되어 있는 것을 클릭하면 누구나 논문 전문을 읽을 수 있다.

스티릭트 위크 오더링
(Strict weak ordering)

이 글은 정렬 알고리즘(sort)이 사용하는 대소비교 관계에 대한 것이다. 비록 수식이라고 생긴 것은 부등호 표시인 '〈'밖에 없지만 수학적인 언급들이 많기 때문에 다소 어렵게 느껴질 수 있다. 수학은 '정의'와 '증명'이라는 것을 유념하며 따라가 보도록 하자. 한번에 이해가 안 될 수도 있으니 여유가 될 때 여러 번 읽는다는 생각으로 읽어 보자.

정렬 알고리즘은 주어진 요소 두 개의 '크기'를 비교할 수 있으면 그 요소가 실수가 되든 사물이 되든 무엇이 되든 정렬을 할 수 있다. 이 때, '정렬할 수 있다'는 것의 의미는 '가장 작은 요소부터 커지는 순서대로 나열할 수 있다'와 같은 의미이며 여기서 등호 〈 가 역할을 한다. 즉, 정렬된 배열은 앞의 요소보다 뒤의 요소가 항상 '크다'. 즉, 순서가 i 번째인 요소 $a(i)$와 i보다 큰 j 번째인 요소 $a(j)$에 대해서 $a(i) \langle a(j)$이다. 그래서 '정렬'에는 항상 〈 연산자가 필요하다. 파이썬이나 C++ 등의 언어에서 사용자 지정 객체(class)에 대해서 〈 연산자가 정의되면 정렬 알고리즘을 사용할 수 있다. 그런데 이 때 〈 연산자는 '잘' 정의되어야 정렬 알고리즘이 제대로 역할을 수행할 수 있다. 이 글은 바로 그렇게 정렬 알고리즘이 사용하는 〈 연산자가 갖추어야 하는 조건에 대한 내용이다. 만약 이 내용을 잘 모르는 상태에서 사용자가 만든 타입의 요소들을 정렬할 경우 오류가 나올 수 있다. 문제는 코드 상으로는 왜 오류가 나는지 좀처럼 알아 내기 힘들다는 것이다.

이 내용은 C++의 STL(Standard Template Library)에 있는 sort 함수가 필요로 하는 조건에 대한 것으로, 다른 언어에서는 sort 함수가 요구하는 명세가 다를 수 있음을 미리 언급한다. 파이썬 같은 경우 정렬하고자 하는 두 요소가 비교 불가하면 정렬은 실패한다. 반면 C++은 아래의 정의에 따라 비교불가한 두 원소는 크기가 같은 것으로 간주하여 정렬한다.

C++의 sort 함수는 그 함수가 적용될 객체 타입이 〈 연산자를 제공해야 하고, 그 연산자는 스트릭트 위크 오더링(strict weak ordering)일 것임을 요구한다. 스트릭트 위크 오더링을 살펴 보기 위하여 오더링(ordering)부터 살펴 보자. 오더링, 즉 '순서'는 두 개의 피연산자에 대해 정의되는 연산자의 일종이고 흔히 〈 로 표기된다. 1+2는 3의 결과값을 갖고 두 개의 피연산자 (1, 2)가 있는 더하기(+) 연산자에 대한 표현인 것과 똑같이 1〈2는 참의 결과값을 갖고 두 개의 피연산자(1, 2)가 있는 등호(〈) 연산자에 대한 것이다. 〈(1, 2)처럼 표기해도 되고, (〈, 1, 2)로 표기해도 되는 등, 표기는 일관되기만 하면 된다. 이제 오더링, 즉, 〈가 연산자임을 알았다.

이제 스트릭트 파셜 오더링(strict partial ordering)에 대해 알아 보자. 스트릭트 파셜 오더링은 다음과 같이 정의된다.

집합A와, A에서 정의된 연산자 〈에 대하여 〈가 다음 두 조건을 만족시키면
〈는 스트릭트 파셜 오더링이다.
연산자 〈는 A에 속하는 원소 a, b, c에 대하여
i) a〈a는 성립하지 않는다(nonreflexivity[05])
ii) a〈b 이고 b〈c이면 a〈c 이다(이행성 법칙, transitivity)
를 만족시킨다.

오더링이라는 연산 자체가 그 연산이 적용될 대상이 있어야 한다. 예를
들면 〈 연산은 복소수 집합엔 정의되지 않지만 실수 집합에 정의되는 것과
같다. 동일한 숫자에 대해서 〈 연산이 참이 성립되지 않아야 하는 조건이
스트릭트 파셜 오더링(strict partial ordering)이 만족시켜야 하는 첫 번째 조건
이다. 다음 조건은 실수를 생각해 보자면 1〈2이고 2〈3이면 1〈3이 성립해
야 하는 것에 해당하는 것으로, 어느 수 a가 b보다 작고(a〈b) 동시에 b가 다
른 수 c보다 작다면(b〈c) a는 c보다 작아야 한다는 것이다. 여기까지가 스
트릭트 파셜 오더링의 정의이다. 이때 중요한 것은 스트릭트 파셜 오더링은
파셜 오더(partial order)이기 때문에 이 연산자가 정의된 집합의 모든 원소에
대해서 비교 가능할 필요는 없다. 예를 들면, A = {1, 2, 3, '사과', '바나나'}
이고 〈가 일반적인 실수에 대한 〈과 같은 연산자라면 비록 1〈'사과' 가 정
의되지는 않지만 1, 2, 3에 대해서는 〈가 계산 가능하고 위의 두 조건을 만
족시키기 때문에 〈는 A에 대한 스트릭트 파셜 오더링이 된다.

---

05 비반사관계성(非反射關係性) 정도로 이해하면 된다. 자기 자신에 대해 항상 거짓인 연산자이다.

스트릭트 위크 오더링(Strict weak ordering)은 스트릭트 파셜 오더링이면서 비교불가능성(incomparability)이 등치(equivalence)를 의미하는 오더링이다. 위의 예에서 보자면 1 〈 '사과'는 비교 불가능하다. 바로 이렇게 비교 불가능한 경우 이 둘을 '같은 것으로 간주'하겠다는 것이 스트릭트 위크 오더링이다. 따라서 어떠한 연산자 〈가 그것이 정의된 집합 A에 대해서 스트릭트 위크 오더링이라면 A에 존재하는 그 어떤 두 요소 a와 b를 가져 오더라도 a〈b는 계산할 수 있게 된다. 〈가 스트릭트 파셜 오더링이기 때문에 이 연산자가 정의된 집합의 어느 두 원소들에 대해서는 〈 연산이 직접적으로 계산 가능하고, 만약 그렇게 계산이 안 되는 경우라면 '같은 것으로 간주'하기 때문에 스트릭트 위크 오더링이 되면 정의에 따라 이 연산이 정의된 집합의 '모든 값의 쌍'에 대해서 계산이 가능해진다.

이제 실제 코드로 살펴 보자. STL의 set이나 map에 객체를 집어 넣기 위해서는 그 객체가 operator〈 를 갖고 있어야 한다. 즉 set에 집어 넣는 객체에 대하여 operator〈를 호출할 수 있어야 한다. 왜냐 하면 성능의 최적화를 위하여 set과 map은 내부적으로 이진 탐색(binary search)을 이용하는데, 그러기 위해서는 operator〈 연산을 할 수 있어야 하기 때문이다. 그래프나 네트워크에서 하나의 경로 또는 선분을 의미하는 edge 객체를 구현할 때의 operator〈 를 살펴 보자.

```
01  bool edge::operator<(const edge& e) const {
02      std::string max1 = (_node1 > _node2 ? _node1 : _node2);
03      std::string max2 = (e._node1 > e._node2 ? e._node1 : e._node2);
04
```

```
05      if(max1 == max2){
06      std::string min1 = (_node1 < _node2 ? _node1 : _node2);
07      std::string min2 = (e._node1 < e._node2 ? e._node1 : e._
node2);
08      return min1 < min2;
09      }
10      return max1 < max2;
11  }
```

위의 정의는 앞서 언급한 스트릭트 위크 오더링의 정의를 만족한다.

즉,

i) (a,b) < (a,b) 성립하지 않는다(if 문 안쪽으로 들어간 후 false를 return 한다)

ii) (a,b) < (c,d) 이고 (c,d) < (e,f) 이면 (a,b) < (e,f) 이다.

(증명) (a,b) < (c,d) 이므로 'max{a,b} < max{c,d}'(1) 이거나 'max{a,b} == max{c,d} 이고 min{a,b} < min{c,d}'(2)이다.

(c,d) < (e,f) 이므로 'max{c,d} < max{e,f}'(3)이거나 'max{c,d} == max{e,f} 이고 min{c,d} < min{e,f}'(4)이다.

(1), (3)인 경우

max{a,b} < max{c,d} 이고 max{c,d} < max{e,f} 이므로 max{a,b} < max{e,f} 이다.

(1), (4)인 경우

'max{a,b} < max{c,d}'이고, 'max{c,d} == max{e,f} 이고 min{c,d} < min{e,f}' 이므로, max{a,b} < max{c,d} == max{e,f} 이므로 max{a,b} < max{e,f} 이다.

(2), (3)인 경우

'max{a,b} == max{c,d} 이고 min{a,b} < min{c,d}' 이고 'max{c,d} < max{e,f}' 이므로 max{a,b} < max{e,f} 이다.

(2), (4)인 경우

'max{a,b} == max{c,d} 이고 min{a,b} < min{c,d}' 이고, 'max{c,d} == max{e,f} 이고 min{c,d} < min{e,f}' 이므로 max{a,b} == max{c,d} 이고 max{c,d} == max{e,f} 이다. 따라서 max{a,b} == max{e,f} 이다. 또한 min{a,b} < min{c,d} 이고 min{c,d} < min{e,f} 이므로 min{a,b} < min{c,d} < min{e,f} 이므로 min{a,b} < min{e,f} 이다. 따라서 max{a,b} == max{e,f} 이고 min{a,b} < min{e,f} 이다. QED.

위의 조건만으로도 모든 edge가 비교가 가능하기 때문에 스트릭트 오더링의 세 번째 조건 '비교 불가능성이 등치를 의미한다'는 사용되지 않는다.

만약 operator〈를 다음과 같이 정의했다고 가정해 보자.

```
01  bool edge::operator<(const edge& e) const {
02      std::string max1 = (_node1 > _node2 ? _node1 : _node2);
03      std::string max2 = (e._node1 > e._node2 ? e._node1 : e._node2);
04
05  //if(max1 == max2){
06  //      std::string min1 = (_node1 < _node2 ? _node1 : _node2);
07  //      std::string min2 = (e._node1 < e._node2 ? e._node1 : e._node2);
08  //      return min1 < min2;
09  //}
10      return max1 < max2;
11  }
```

즉 'max 값이 큰 것이 크다'라고만 정의하는 것이다. 그러면 a 〉b ≠ c 인 경우에 대하여 (a, b) 〈 (a ,c)도 false가 리턴되고 (a, c) 〈 (a, b)도 false 가 리턴된다. 따라서 (a, b)와 (a, c)는 같은 것이 된다. 숫자로 예를 들자면 (3, 2) 와 (1, 2)가 같은 것으로 간주되는 것이다. 그러나 edge를 정의할 때 이와 같은 상황을 의도하는 경우는 거의 없기 때문에 위의 정의는 제대로 동작하지 않게 된다. 물론 컴파일 에러도 나지 않고 런타임 에러도 나지 않는다. 단지 논리적 에러가 생겨서 결과가 우리가 의도하지 않은 값이 나올 뿐이다. 이러한 오류가 컴파일 오류나 실행시간에 프로그램이 비정상적으로 종료되는 오류보다 더 해결하기 힘들다. 왜냐 하면, 스트릭트 위크 오더링을 제대로 모르고 있다면 코드 상으로는 아무리 살펴 보아도 잘못된 것을 알아낼 수 없기 때문이다. 그래서 보통은 일단 결과가 나오기 때문에 그냥 지나치기 십상이다. 이러한 오류는 결과를 면밀히 살펴 보면서 여러 방면에서 교차 검증을 하는 단계에서야 비로소 드러나는 경우가 많은, 좀처럼 찾기 힘든 오류이다.

스트릭트 위크 오더링 조건은 단지 sort 알고리즘 사용에만 국한된 것이 아니라 STL의 set이나 map에 객체를 집어 넣을 때는 항상 해당하는 이야기이다. 요즘처럼 데이터의 크기가 커질수록 이렇게 검색이 가능한 컨테이너(container)를 사용하는 것이 중요해진다. 처리 시간이 1,000배 10,000배, 혹은 그 이상 빨라지기 때문이다. 그래서 실무에서는 매우 많이 사용하므로 스트릭트 위크 오더링을 제대로 이해하는 것은 적어도 C++ 개발자에 있어서는 매우 중요하다.

Sin 06

수학은 내게 어떻게 무기가 되었는가

"국토 면적이 한국의 50배가 넘는 미국에서
소비자가 주문한 제품이 어떻게 하루만에 배달될 수 있을까?"

대량 데이터 분석은 막대한 데이터의 양 때문에 분석 속도가 빨라야 하고, 초반의 원본 데이터를 깔끔하게 만드는 것이 매우 중요하다. 이 둘 모두에 수학적 능력이 필요하다. 즉, 전체적인 구조 관점에서 최적화하는 것이 한 줄 한 줄 코드 수준에서의 최적화보다 성능이 좋은 경우가 많다. 그런데, 결국 가장 효율적인 것은 수학적으로 최적화하는 것이다. 또한, 잡음이 섞이고 지저분한 원본 데이터를 분석 초기에 적절히 깔끔하게 하기 위해서는 여러 수학적인 기법들이 필요하다. 필자는 400픽셀 x 500 픽셀의 이미지 60 장을 픽셀 단위로 분석해야 했던 것에서부터 가장 기초적인 분석을 하기 위하여 CPU 2500개를 이용하여 6개월동안 계산해야 했던 경우까지 다양한 규모의 연구들을 수행했었는데 그 중에 비교적 이해하기 쉽고 도움이 되었던 몇 가지 기법들을 살펴 보자.

스무딩(Smoothing)[01]

스무딩은 자료를 매끄럽게 하는 것이다. 이러한 작업은 데이터를 다루는 것에 있어 필수적이다. 왜냐하면, 관측되는 거의 모든 데이터는 여러 요인으로 인해 '잡음' 또는 ' 오차'를 포함하고 있기 때문이다. 그와 같은 오차를 없애기 위해 여러 통계적 기법을 사용하는데, 스무딩은 통계적이진 않지만 오차를 없애고 원래의 데이터를 추정해 내기 위한 단순한 기법이면서도 효과적인 방법이다.

가장 쉽게 생각할 수 있는 방법은 이동평균(moving average)으로, 주어진 데이터 전/후의 일정 개수의 데이터의 평균을 그 데이터의 값으로 추정하는 방법이다. 만약 주어진 데이터에서 멀어지는 점일수록 중요도가 떨어진다면 중요도를 낮추어 주면 된다. 즉, 이동평균은 주어진 데이터와의 거리에 상관없이 모두 동일한 가중치(1)를 두는 것으로 생각할 수 있는 것이다. 이와 같은 개념을 좀 더 일반화한 다음 다항식으로까지 전개시켜서 스무딩하는 알고리즘이 Savitzky-Golay 알고리즘이다.

---

01 이 글은 *Smoothing and Differentiation of Data by Simplified Least Squares Procedures, Abraham Savitzky and Marcel J. E. Golay, 1994, Analytical Chemistry* 논문에 근거하여 작성하였다.

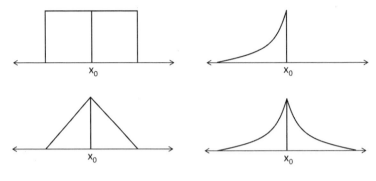

다양한 합성곱 함수

이동평균은 y=1인 함수와 원래의 함수를 곱해서 더하는 것이다. 즉, y=1인 함수와 원 함수와의 합성곱(convolution)이라고 할 수 있다. 합성곱은 영상 처리, 음향 분석, 전자 공학 등 전통적으로 여러 분야에서 사용되어 왔고, 특히 요즘에는 딥러닝에도 자주 사용된다. 그 가장 쉬운 예라고 할 수 있는 위의 경우를 이해하고 넘어 가면 추후 다른 곳에서 합성곱을 만났을 때 조금은 수월할 것이므로 이곳에서 합성곱을 최대한 이해하고 넘어 가길 바란다. 그 이외에도 여러 합성곱 함수를 사용할 수 있다(위 그림 참조). Savitzky-Golay 알고리즘은 지금 처리하고자 하는 데이터와 그 양 옆의 데이터들에 가장 잘 들어 맞는 다항식으로 된 추세선을 찾았을 때 그 추세선의 현재 데이터의 x에 해당하는 y 값을 현재의 데이터 값으로 설정하자는 것이다. 핵심은 각각의 데이터를 처리할 때마다 그 데이터와 양 옆의 데이터를 지나는 다항식의 추세선을 찾을 필요 없이 특정 합성곱을 이용하면 찾아진 다항식의 추세선에 그 데이터의 x 값을 넣었을 때 나오는 y 값을 계산할 수 있다는 것이다. 2차 3차 4차 등의 다항식으로 된 추세선을 찾아서 그 추세선 함수에 x 값을 넣어서 값을 구하는 작업이 단지 합성곱 하나로 계산이 끝난다는 것이다. 고차 다항식으로 된 추세선을 찾고, 그것에 x 값을 넣어서 현 데이터의 y 값을 찾아 내는 복잡한 과정이 단순하기 그지 없는 합성곱 하나로 계산이 끝난다고 하니, 실제로 정확히 그 추세선을 구해서 작업하는 게 아니라 그냥 좀 더 단순하고 계산이 쉬운 추세선을 구해서 하는 것이 아닌가 생각되겠지만, 아니다. 실제로 정확히 그 추세선을 찾아서 해당 x 값을 넣었을 때 나오는 y 값을 찾는 것이다, 추정이 아니라. 그래서 원 논문에도 'It is not approximate.' 란 구절이 나온다. 감동!! 이와 같은 것을 논문에서는 다음과 같이 표현하고 있다.

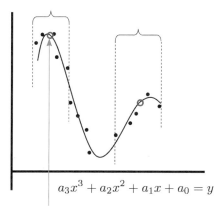

$$a_3x^3 + a_2x^2 + a_1x + a_0 = y$$

이 점의 y 값은 양쪽 근방의 2n+1개의 점에 대한 다항 회귀식(polynomial regression)으로부터 추정한다.

즉, $y(x_i)$의 새로운 값은 x_i의 양쪽 근방 2n+1 개의 점을 이용하여 만든 추세선 공식으로부터 다시 추정해 내는 것이다. 양쪽의 몇 개의 데이터를 사용해서 추세선을 찾을 것인가는 몇차 다항식을 사용할 것인가에 따라 결정된다. 즉, $2n+1$ 개에서 n은 몇차 다항식을 사용할 것인가에 따라 결정된다. x_i를 포함하고 있는 양쪽 근방 $2n+1$ 개의 점을 이용해서 다항식으로 된 추세선의 공식 S_i을 찾고, 그 공식에 x_i를 대입한 값인 $S_i(x_i)$로 $y(x_i)$를 대체하는 것이다. 문제는 S_i를 찾아 내는 것인데, 각 x_i에 대해서 S_i를 매번 찾아 내야 한다면 계산횟수가 많아질 텐데(이 내용이 다음 글의 주제이다), S_i를 3차 다항식으로 만든 후, 각 점에 대해서 다항연립방정식을 만들면, 놀랍게도, 3차 다항식 S_i를 표현하기 위한 각 계수가 정확히 계산된다. 이렇게 계산된 계수에 의하여 S_i는 계수가 모두 알려진 다항식이 되고, 이로부터 $S_i(x_i)$을 계산하는 것은 결국 합성곱 형태로 나타나게 된다. 쉽게 말해, 이동평균을 구할 때는 앞/뒤 구간에 있는 값들에 1씩 곱해서 더한 후 평균을 구하는 것과 비슷하게, Savitzky—Golay 스무딩은 1이 아닌 다른 가중치로 이동평균을 구하는 것으로 위의 다항식으로 구한 $S_i(x_i)$ 값을 구하는 것이다. 즉, 단순히 '더하기'를 하는 것처럼 보이는 이동평균이 사실은 1이라는 가중치를 곱한 후 평균을 구한 것이며, 따라서 가중치 1 대신 여러 가지 값이 가능한 것이다. 더욱 놀라운 것은, 원래의 데이터를 위처럼 다항식을 이용하여 스무딩하는 것뿐만이 아니라, 그 데이터를 미분한 그래프가 어떻게 생겼는지까지 이러한 합성곱 형태로 쉽게 계산할 수 있다. 데이터가 급격하게 변하는 곳은 고차 다항식으로, 그렇지 않은 곳은 저차 다항식으로 스무딩할 수도 있는 것이다.

이와 같은 알고리즘을 C++ 코드로 나타내면 다음과 같다.

```cpp
01  bool Savitzky_Golay_smoothing(
02      const std::vector<double>& x_series,
03      const std::vector<double>& y_series,
04      std::vector<double>* const destX,
05      std::vector<double>* const destY)
06  {
07      /// Use proper weight.
08          int A[] = { -2, 3, 6, 7, 6, 3, -2 };
09          int n = 3;
10          int k = 0;
11          int point_number = (int)x_series.size();
12          for(k = 0; k<n; k++){
13                  if(destX != NULL) destX->push_back(x_series[k]);
14                  if(destY != NULL) destY->push_back(y_series[k]);
15          }
16          for(k = n; k<point_number-n; k++){
17                  double x = x_series[k];
18                  int i = 0;
19                  double nominator = 0;
20                  double denominator = 0;
21                  for(i = -n; i <= n; i++){
22                          nominator += (A[n+i]*y_series[k+i]);
23                          denominator += A[n+i];
24                  }
25                  double y = nominator / denominator;
26                  if(destX != NULL) destX->push_back(x);
27                  if(destY != NULL) destY->push_back(y);
28          }
29          for(k = point_number-n; k<point_number; k++){
30                  if(destX != NULL) destX->push_back(x_series[k]);
31                  if(destY != NULL) destY->push_back(y_series[k]);
32          }
33
34          return true;
35  }
```

이 기법은 특히 영상 처리를 할 때 유용하게 사용했었다. 각 픽셀 별로 시간에 따른 값의 변화를 분석하는 연구였다. 시간에 따른 값의 변화를 그래프로 그려 보면 일정한 함수 형태를 보이고는 있으나 측정 장비 등의 한계로 인하여 오차가 섞여 있는 것을 알 수 있고, 그래서 값을 적당히 매끄럽게 바꾸어 주어야 했다. 그래서 다른 모든 분석 이전에 이러한 스무딩 작업을 수행해야 했다. 필자뿐만이 아니라 비록 주제는 다르지만 영상을 분석하는 많은 연구에서 스무딩은 촬영 장비 및 환경에 의해 어쩔 수 없이 생기는 잡음을 제거하기 위한 용도로 모든 분석에 앞서 수행되는 중요한 단계이다, 비록 그 형태는 단순하지만 말이다. 가중 평균, 이라고 단순하게 말할 수 있을지 몰라도 그 뒤의 원리를 알고 보면 그냥 가중 평균 이상임을 알 수 있다. 필자는 특히 원 데이터의 1차 미분값과 2차 미분값도 위 기법을 이용을 해서 분석을 했었는데, 만약 스무딩을 '가중 평균'으로만 알고 그 수학적 원리를 모르고 있었다면 이렇게 미분값을 이용할 생각은 하지 못했을 것이다.

3차 다항식 스플라인 곡선

스플라인(Spline) 곡선은 흔히 주어진 점을 매끄럽게 연결하는 함수를 찾아주는 알고리즘으로 알려져 있다. 그래서 그런지 그래픽 관련된 곳에서만 사용될 것 같지만, 실제로는 좀더 많은 응용 범위가 있다. 필자가 사용했던 경우는 10초 간격으로 영상을 획득한 후 1초 간격으로 분석을 수행해야 했을 때이다. 10초 간격으로 된 데이터를 연결하는 3차 다항식의 곡선 함수식을 찾은 후 그 함수식을 이용해서 1초 간격으로 된 값을 구했고, 이것을 분석에 이용했었다. 물론 이때 우선 스무딩을 한 후 3차 다항식의 곡선을 찾는 작업을 수행했다. 영상 장비의 경우 10초마다 측정 가능한 것을 1초 간격으로 촬영이 가능하게 하기 위해서는 비용 상승이 만만치 않았으나 이를 알고리즘적으로 어느 정도 해결이 가능했던 것이다. 이것이 그 유명한 "하드웨어적인 문제를 소프트웨어적으로 해결한다"의 한 예이다.

3차 스플라인 곡선(cubic spline)은 주어진 점을 매끄럽게 연결하는 알고리즘이다. 왜 큐빅(cubic)이냐 하면, 두 점을 잇는 곡선을 3차 다항식($a_0 + a_1x + a_2x^2 + a_3x^3$)으로 표현하기 때문이다. 즉, 다시 말해, 서로 떨어져 있는 두 점 사이를 연결해야 하는데(그래서 interpolation[02]), 그 연결하는 선을 3차 다항식으로 만들고자 하는 것이다. 이와 같은 목적에 부합하는 알고리즘 중 널리 사용되는 것의 원리는 다음과 같다.

---

02 Inter-polation, 즉 측정된 값들 '사이'의 값을 추정하는 것이다.

우리가 갖고 있는 점은 위의 별색점뿐이라고 하자. 그 중간을 곡선으로 매끄럽게 연결하고 싶다. 즉, 각 데이터 x_i, x_{i+1}은 곡선 S_i로 연결을 시키는데, 각 S_i가 3차 다항식이라고 가정하는 것이다. 이 상황에서, 각 x_{i+1}에서 두 곡선 S_i와 S_{i+1}이 부드럽게 연결되기 위해서는 어떠해야 할까? 상식 선에서 크게 벗어나지 않는 다음과 같은 조건들을 생각해 볼 수 있다.

1. 각 점에서 원래의 데이터의 값 x_i를 곡선이 지나간다.

2. 각 점에서 두 곡선이 만나야 한다. 즉 각 점 x_i에서 두 곡선의 함수값이 같아야 한다.

3. 각 점에서 두 곡선의 매끄럽기를 같게 한다. 즉, 각 점 x_i에서 두 곡선의 미분값을 같게 한다.

4. 두 곡선이 '더욱' 매끄럽게 만나게 하자. 즉, 각 점 x_i에서 두 곡선의 이차 미분값을 같게 한다.

위 사안 중 1, 2번은 당연히 필수적인 것이고, 나머지 사안들은 '부드럽게 연결'시키기 위해 사용할 수 있는 조건들이라 할 수 있다. 4번은 3차 다항식의 계수값을 계산할 수 있게 하기 위해 사용하는 목적도 있다. 또한 양끝 쪽에서의 조건도 필요한데, 가장 양 끝에서 두 번 미분한 값이 0이거나, 한 번 미분한 값이 원래 데이터의 미분값과 같다는 조건 둘 중 하나를 이용하곤 한다. 위 조건은 수학적으로 다음과 같이 표현할 수 있다.

(a)	$S_j(x_j) = f(x_j)$ and $S_j(x_{j+1}) = f(x_{j+1})$	for each $j = 0, 1, \cdots, n-1$
(b)	$S_{j+1}(x_{j+1}) = S_j(x_{j+1})$	for each $j = 0, 1, \cdots, n-2$
(c)	$S'_{j+1}(x_{j+1}) = S'_j(x_{j+1})$	for each $j = 0, 1, \cdots, n-2$
(d)	$S''_{j+1}(x_{j+1}) = S''_j(x_{j+1})$	for each $j = 0, 1, \cdots, n-2$
(i)	$S''(x_0) = S''(x_n) = 0$	
(ii)	$S''(x_0) = f'(x_0)$ and $S'(x_n) = f'(x_n)$	

위의 조건에 대하여, 각 S_i를 3차 다항식으로 한 뒤 각 계수를 풀면 풀린다.

각 계수를 계산해서 3차 다항식을 구한 뒤 두 점 사이에 있는 값들을 채워 나가는 코드는 다음과 같다.[03]

```
01  #include <vector>
02  #include <iostream>
03  #define MIN(a,b) (a)<(b)?(a):(b)
04
05  // Richard L. Burden; J. Douglas Faires, Numerical Analysis,
8th edition
06  bool cubic_spline(const std::vector<double>& x_series, const
std::vector<double>& y_series, std::vector<double>* const destX,
std::vector<double>* const destY)
07  {
08      int n = MIN((int)x_series.size()-1, (int)y_series.size()-1);
09      // Step 1.
10      double *h = new double[n+1];
11      double *alpha = new double[n+1];
12      int i = 0;
13      for(i = 0; i<=n-1; i++){
14          h[i] = x_series[i+1] - x_series[i];
```

03 코드는 Richard L. Burden; J. Douglas Faires, Numerical Analysis, 8th edition에 있는 알고리즘을 코드로 나타낸 것이다.

```
15      }
16
17      // Step 2.
18      for(i = 1; i<=n-1;i++){
19          alpha[i]= 3*(y_series[i+1]-y_series[i])/h[i]-3*(y_
series[i]-y_series[i-1])/h[i-1];
20      }
21
22      // Step 3.
23      double *l = new double[n+1];
24      double *u = new double[n+1];
25      double *z = new double[n+1];
26      double *c = new double[n+1];
27      double *b = new double[n+1];
28      double *d = new double[n+1];
29
30      l[0] = 1; u[0] = 0; z[0] = 0;
31
32      // Step 4.
33      for(i = 1; i<=n-1; i++){
34          l[i] = 2*(x_series[i+1] - x_series[i-1]) - h[i-1]*u[i-1];
35          u[i] = h[i]/l[i];
36          z[i] = (alpha[i] - h[i-1]*z[i-1]) / l[i];
37      }
38
39      // Step 5.
40      l[n] = 1;      z[n] = 0;       c[n] = 0;
41
42      // Step 6.
43      for(i = n-1; i>=0; i--){
44          c[i] = z[i] - u[i]*c[i+1];
45          b[i] = (y_series[i+1] - y_series[i])/h[i] -
h[i]*(c[i+1] + 2*c[i])/3;
46          d[i] = (c[i+1] - c[i]) / (3*h[i]);
47      }
48
49      for(i = 0; i<=n-2;i++){
```

```
50          double x = x_series[i];
51          double inc = (x_series[i+1] - x_series[i])*0.1;
52          for(; x < x_series[i+1]; x+=inc){
53              double x_offset = x - x_series[i];
54              double Sx = y_series[i] + b[i]*x_offset + c[i]*x_
offset*x_offset + d[i]*x_offset*x_offset*x_offset;
55              if(destX != NULL){
56                  destX->push_back(x);
57              }
58              if(destY != NULL){
59                  destY->push_back(Sx);
60              }
61          }
62      }
63      delete [] h;
64      delete [] alpha;
65      delete [] l;
66      delete [] u;
67      delete [] z;
68      delete [] c;
69      delete [] b;
70      delete [] d;
71
72
73      return true;
74  }
```

위 코드의 51행에서 0.1을 곱한 것은, 원래 데이터 사이를 10개로 나누기 위해서이다. 위 알고리즘을 이용한 것과 매틀랩(matlab)에 있는 것을 비교한 그림은 다음과 같다.

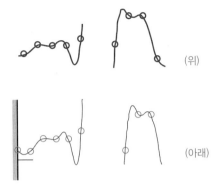

(위)

(아래)

　(위) 그림이 위 코드를 이용한 것이고, (아래) 그림이 매틀랩(matlab)으로 테스트 해 본 결과이다. 열린 원이 원래의 데이터였고, 곡선은 그 데이터들을 부드럽게 연결하는 것이다.

　지금까지가 스플라인 곡선의 인터폴레이션(cubic spline interpolation)에 대한 설명이다. 위 그림은 사실 필자가 스플라인 곡선을 구현하면서 알게 된 문제를 보여 주기 위해 찾은 예제이다. 위의 알고리즘은 원래 데이터는 계속 증가만 하는데 스플라인 곡선으로 연결한 곡선은 내려간다거나 혹은 이 반대의 경우가 나타난다. 즉, 원본 데이터의 단조증가 혹은 단조감소성(monotonicity)이 보장되지 않는다는 것이다. 이것을 해결하기 위한 것이 바로 모노톤 큐빅 헤르마이트 인터폴레이션(monotone cubic Hermite interpolation)이라는 알고리즘이다. 이 알고리즘은 찾아진 곡선이 원 데이터의 단조감소성(monotonicity)을 따르도록 하는 조건식을 만든 후, 찾아야 하는 곡선에 대한 수식에 있는 변수가 그 조건식을 따르도록 하는 원리이다. 이 방법을 이용하여 구현한 결과는 다음과 같다.

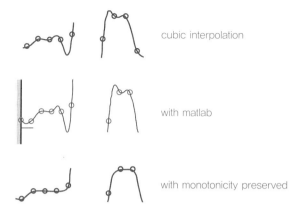

cubic interpolation

with matlab

with monotonicity preserved

　　이 기법은 특히 데이터의 값이 급격히 오르거나 내리는 형태의 데이터일 때 큰 힘이 발휘되었다. 시간에 따른 값의 변화가 거의 없는 경우라면 데이터를 직선으로 연결해도 큰 무리는 없다. 그러나 값의 변동이 다소 급격하게 이루어질 경우에는 될 수 있으면 원래의 데이터를 직선으로 연결할 경우 너무 급격하게 그래프가 꺾이는 형태가 되고, 이것은 만약 데이터를 매우 촘촘하게 획득했을 때 얻어질 값과 큰 차이를 나타낼 것이다. 이 경우 원본 데이터의 값을 조금 더 잘 나타내는 곡선을 위처럼 찾아서 분석을 해야 할 필요가 있다.

혈류 동역학 분석

필자가 있던 대학원의 연구실에서 했던 연구 중에 하나는 혈관 속에 주입한 혈관 조영제를 영상 장비로 촬영하여 영상 분석을 통하여 혈관이 제대로 기능하는지 알아 내는 것이었다. 이 연구는 필자의 연구실에서 혈관의 기능성과 혈류 흐름에 대한 수학적 모델링부터 시작하여 대학원생들이 CCD 카메라 등의 부품을 하나하나 직접 사서 분석을 위한 최소한의 영상 촬영만 가능하게 만들어서 쥐 실험부터 시작하여 연구를 진행하였고, 나중에는 회사와 협력하여 제품화하였으며, 동물용 장비는 지금 실제로 판매가 되고 있다. 필자는 이 부분 중 수학적 모델링을 사람에 맞게 수정하거나 그것을 직접 구현하여 데이터를 분석하는 일을 주로 하였다.

현재 시판되고 있는 소동물용 혈류 촬영 장비

쥐 영상의 경우 크기가 작기 때문에 상용 프로그램을 통하여 분석할 때 대략 하루 정도 걸렸다고 한다. 다른 대학원생이 상용 프로그램에 있는 다양한 수학적 기능들을 이용하여 분석법을 어느 정도 정립해 놓으면, 필자는 그것을 직접 C++ 로 구현하여 분석하였다. 어느 날 필자가 연구실 안쪽의 필자 자리에서 직접 작성한 프로그램으로 분석을 마친 후, 영상 장비를 직접 만들어 실험을 수행하는 다른 대학원생에게 다가가서 분석이 다 끝났다는 이야기를 하자 그 학생이 크게 웃으며 상용 프로그램은 너무 오래 걸려서 실행시켜 놓고 집에 가는데, 다음 날 왔는데 오류가 나 있으면 또 하루가 간다는 얘기를 해주었다. 필자가 직접 작성한 프로그램으로 분석할 경우 대략 20분 정도 걸렸기 때문에 상용 프로그램을 사용해서 분석할 때의 이러한 고충은 겪지 않아도 되었다. 이때 분석하는 것에 필요했던 것은 미분방정식을 수치해석학적으로 분석하여 수식에 있던 미지수 5개의 값을 실험 데이터에 근거하여 찾아 내는 것이었다. 이 프로젝트는 영상에서 픽셀(piexel) 하나에 대한 값을 계산하는 데 20분이 걸리던 일을 C++ 의 여러 방법으로 최적화하여 픽셀 하나당 5초 정도까지 걸리게끔 속도를 줄였으며, 마지막에는 수학적 기법을 적용하여 몇만 픽셀에 대해서도 5초 안에 끝나게끔 정리되었다. 현재 판매되는 장비에는 그 기법들이 적용되진 않았지만 그렇게 기계가 시판이 되기까지 필요했던 분석에는 다양한 수학적 기법이 필요했다. 그때 사용되었던 기법들 몇 가지를 살펴 보자. 구체적인 내용은 관련 논문을 참고한다.

혈관에 주입한 혈관조영제를 촬영 장비로 촬영하였을 때 관측되는 빛의 밝기의 변화는 다음과 같이 수식으로 표현 가능하다. 이 식은 이 연구를 시작한 연구실 동료가 제안하였다.

$$I_o' = p(I_i - I_o)$$

즉, 관측 장비가 촬영을 하는 그곳의 밝기의 변화량은 들어 오는 조영제의 양(I_i)에서 나가는 조영제의 양(I_o)의 차이의 일정 비율일 것이다. 혈액 순환이 잘된다면 p 값이 클 것이고, 혈액 순환이 잘 안 된다면 p 값이 작을 것이다. 이처럼 p 값은 혈액 순환이 얼마나 잘 되는지를 나타내는 값이다. 이제 위의 미분방정식을 풀어야 한다. 쥐의 경우 I_i를 $\exp(-pt)$로 표현 가능하다. 즉, 특정 지점에 유입되는 혈액의 조영제의 밝기는 지수적으로 급격하게 감소하는 것으로 간주할 수 있다. 실제로 쥐로 실험을 하였을 경우 조영제의 밝기가 급격히 떨어지는 모양이고, 따라서 위처럼 모델링 하였다고 한다. 쥐와 같은 소동물에서는 조영제 주입 후 혈액 속에서 그 조영제의 농도가 올라가는 것은 너무 빠른 시간 안에 일어나기 때문에 촬영이 되지 않았었다. 그러나 사람의 경우 팔의 정맥에 주사를 한 후 다리에서 촬영을 하기 때문에 5~10초 후에 조영제의 밝기가 서서히 올라 간다. 그래서 I_i를 $\exp(-pt)$로 놓을 수 없다. 돼지를 이용하여 실제로 관측된 I_i는 정규분포의 모양과 같은 형태의 분포를 보여 주었다. 그래서 I_i를 $\exp(-*t^2)$로 둘 수 있다. I_i를 이렇게 둘 경우 위 미분방정식이 I_i가 $\exp(-pt)$인 경우처럼 쉽게 풀리지 않는다. 그래서 이런저런 궁리를 하던 중 라플라스 변환(Laplace transformation)을 이용하여 풀어 보기로 하니 너무나도 쉽게 풀렸다. 즉, 위 미분방정식의 해는

$$I_o = p(I_i * \exp(-pt))$$

이고 이때 *는 합성곱(convolution)이다. 이 식에 I_i를 다음과 같이 폭이

넓게 퍼지고, 중심이 5~20초 정도 되는 가우시안(Gaussian) 형태로 표시하여 대입한다.

$$
\begin{aligned}
I_o &= p\left(I_i * \exp(-pt)\right) \\
I_o &= p\left(\sum_{k=0}^{r-1}\left[d^k \exp\left(-\alpha s^{k+1}(t-(\beta+km))^2\right) * \exp(-pt)\right]\right)
\end{aligned}
\tag{7}
$$

이때, 혈관 조영제는 10분 정도 촬영을 하는데 두세 번 정도의 상승 곡선을 그리기 때문에 가우시안의 선형 결합으로 표현하였다. 위와 같이 수식을 만드는 데 상당한 시간을 사용한 후, 이제 이 식에 나온 미지수들의 값을 구하기 위한 작업을 진행하였다. 즉, 촬영 장비로 영상을 얻은 후 영상의 각 픽셀에서 얻어지는 빛의 밝기의 곡선은 위 식에서 I_o이므로, 위의 I_o에 있는 미지수가 어떤 값일 때 실제로 관측된 I_o의 그래프와 위 식에 의해 그려진 I_o의 그래프가 유사한지를 확인하여 이 두 그래프의 차이 (즉, $\sum \|\hat{I}_o - I_o\|$)를 가장 작게 하는 미지수의 값들이 이 방정식의 해일 것으로 간주하는 것이다. 이것은 흔히 말하는 곡선적합(curve fitting)이다. 물론 이때, 실제 촬영은 10초에 한 번씩 하기 때문에 그래프의 차이를 좀 더 정교하게 구하기 위하여 10초 간격의 사이사이 1초마다의 값을 양옆의 값을 이용하여 채워 넣는(그래서 내삽, 즉, inter-polation이다) 작업이 필요한데, 이것은 시간적으로 연속된 4개의 점을 연결하는 3차 곡선을 찾는 스플라인 곡선을 이용하여 구현하였다. 스플라인 곡선을 구현하여 1초 혹은 0.5초마다 영상을 촬영한 것과 같이 값을 조밀하게 구한 후 곡선적합을 수행하였다. 교과서에 있는 방법

중 흔히 사용되는 것은 Levenberg-marquardt의 곡선적합법이다. 그러나 이 방법으로 찾은 미지수의 값을 실제 식에 대입하여 그래프를 그려 보면 엉뚱한 경우가 많다. 미지수가 3개라고 할 경우 3차원 공간 상에서 두 그래프의 차이의 최소값이 되는 공간을 찾는 방법인데, 일정 영역에서만 최소값이고 전체 공간에서의 최소값은 아닌 해를 찾아 준 것이다. 이것은 흔히 말하는 국지적 최소값 (local minimum)에 빠진 것이다. 그래서 Levenberg-marquardt 방법은 미지수의 초기값 설정을 어떻게 해주느냐에 따라 결과가 바뀌고, 실제로 사용해 보면 이 초기값을 잘 정해주기가 쉽지 않다.

　필자는 여러 논문과 자료들을 조사한 후 제약 조건을 만족시키는 다수의 해를 찾아 낼 수 있는 진화적 유전 알고리즘을 알게 되었다. 그 방법을 이용하여 위에 나온 미지수 중 a, b, m, d, p를 (r은 2로 고정) 찾아 내는 코드를 작성하였다. 즉, 이 다섯 개의 변수의 값을 무작위로 설정해 준 후, 그렇게 설정된 변수로 I_o를 그려서 실험적으로 얻어 진 I_o와 비교하여 그 차이가 점점 작아지도록 진화시키는 것이다. 처음에는 과연 해를 제대로 찾을 수 있을 것인가, 하는 의구심이 들 정도로 그래프가 서로 다르지만 결국 수렴을 하게 된다. 실제 수행된 결과 중 일부를 보면 다음과 같다.

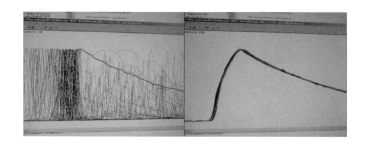

위에서 검은 곡선은 미지수 5개에 무작위적으로 값을 설정 후 그려진 I_o 값이고, 왼쪽 그래프의 굵은 곡선이 실제로 관측된 I_o이다. 진화 알고리즘류는 위와 같이 여러 개의 해집합으로부터 출발하여 해를 찾아 간다. 잘 찾아질 경우 위 오른쪽처럼 관측된 I_o와 공식으로 그려진 I_o가 거의 유사한 것을 알 수 있다. 따라서 관측된 곡선 I_o에 해당하는 미지수 a, b, m, d, p를 구할 수 있고, 가장 중요한 p 값을 찾아낼 수 있게 된다. 위 작업은 픽셀 하나 당 대략 20분 정도의 시간이 소요된다. 한 발을 촬영할 경우 대략 2~3만 개의 픽셀이 발의 영역이므로 모든 픽셀에 대하여 그 부분의 혈액 순환 정도를 계산하기 위해서는 1만 시간, 즉 416일 정도가 걸린다. 이것은 현실적으로 결코 사용할 수 없는 성능이다. 그래서 몇 단계의 최적화를 거치게 된다.

가장 먼저 했던 것은 C++의 가상 함수로 작성했던 부분을 모두 인라인(inline)이 가능한 형태로 변경하는 것이었다. 프로그래밍적으로 좋지 않은 구조이지만 성능을 위해서는 어쩔 수 없는 선택이었다. 이로 인해 대략 1~2분 정도까지 시간이 줄어 들었다. 그 후에는 컴퓨터에 있는 모든 CPU를 사용하게끔 openMP를 사용하는 것이었다. 이로 인하여 대략 2~3배가 빨라졌으나 고성능 컴퓨터가 필요하고, 분석이 진행될 때 다른 일을 하지 못하는 단점이 있었다. 그러나 이 속도로는 여전히 데이터 하나 분석하는 데 일주일 정도의 시간이 필요하다. 이때는 지금처럼 클라우드 컴퓨팅을 이용하여 CPU 1천개를 사용하는 등의 일이 어려웠다. 그래서 최종적으로 다음과 같은 방법을 이용하였다.

위 그래프 수백 개를 보며 연구를 하면서 든 느낌은 곡선의 앞부분에 의

해 뒷부분이 어느 정도 결정되는 것 같다는 것이었다. 따라서 앞부분의 모양이 뒷부분을 반영할 수 있다면 곡선이 나올 수 있는 형태는 어느 정도 정해져 있는 것이다. 게다가 p 값이 가질 수 있는 범위는 한계가 있기 때문에 그 한계 내에서 다양한 p 값이 나온다 하더라도 무한정 많이 나올 수는 없을 것이다. 예를 들면 p 값을 소수점 세자리 수까지만 표현한다면 1,000개 정도의 p 값이 가능하며, 따라서 그래프도 1,000개 정도의 종류가 가능하다. 이러한 생각의 흐름에 따라 그래프를 나타낼 수 있는 특징값들을 정의하여 그 값들 중 p 값과 상관계수가 높은 것을 찾는 작업을 시작하였다. 예를 들면, 그래프의 *최대값***최대값*이 되는 시간이 p 값과 상관관계가 매우 높다면 a, b, m, d, p를 모두 구할 필요 없이 그래프의 최대값과 그때의 시간을 구하여 상관관계식에 대입하여 p 값을 구하면 되는 것이다. 따라서 그래프의 모양에서 표현되는 다양한 특징값들을 정의하고, 미리 위의 오래 걸리는 방법으로 구한 p 값과 상관계수가 높은 특징들을 찾기 시작하였다. 이 때, 특징값들의 선형결합된 값과 p 값의 상관관계를 최대화해 주는 가중치를 찾는 방법을 이용하였다. 이 방법이 바로 정준상관분석(canonical correlation analysis)이다. 예를 들어, 위의 오래 걸리는 방법으로 100명의 환자에서 촬영한 영상 중 각 사람 당 서로 다양한 곡선의 형태가 되도록 50개의 픽셀을 추출해 내고, 이렇게 100명*50픽셀 하여 5,000개의 픽셀에 대한 p 값을 모두 구한다. 그후 각 그래프의 특징값들의 가중치 합과 p 값의 상관계수를 최대화시키는 가중치를 구하는 것이다. 그래프의 종류가 무한정 다양하지는 않기 때문에 그래프의 모양으로부터 p 값이 어느 정도 추정 가능할 것이란 앞의 예상에 들어맞게끔 상관계수를 매우 높게 하는 가중치를 구할 수 있었다. 즉, 위의 진화 알고리즘을 수행할 필요 없이 그래프의 모양으로부터 계산한 각 특징값들에 그에 해당하는 가중치를 곱하여 더한 후 상관계수식을 이용하면 바로 p 값이 나오는 것이다. 이렇게 할 경우 픽셀 1,000개 정도가 1초에 계산 가능하고, 따라서 사람 한 명의 데이터는 20~30초면 계산 가능하게 된다. 비로소 상용이 가능한 정도까지 온 것이다.

가상함수를 사용하던 것을 모두 인라인이 가능한 방식으로 바꾸고, C++의 특징 중의 하나인 포인터를 이용하여 속도의 상승을 꾀할 수 있는 부분은 전부 포인터를 사용하고, 하드웨어적으로 사용 가능한 CPU를 모두 사용하고, 필자가 사용하던 컴퓨터의 CPU인 인텔 CPU에 최적화한 실행 파일을 만든다고 알려진 인텔 컴파일러(intel compiler)를 이용하여 컴파일 하였을 때, 그때마다 속도의 상승은 있었지만 미미하였다. 최종적으로 수학/통계적인 기법을 이용하였을 때에서야 비로소 1만배 이상 빨라졌으며 이 때에서야 비로소 상용이 가능한 정도까지 가게 되었다. 흔히 이야기되듯, 컴파일러의 성능이 워낙 좋아졌기 때문에 코드 수준에서의 최적화는 별 효과가 없는 경우가 많고, 차라리 프로그램 전체 구조적인 면에서의 최적화가 유리한 것은 잘 알려져 있다. 그러나, 계산에 많은 시간이 소요될 경우 수학적 최적화를 통한 성능의 극대화는 다른 류의 최적화와 비교하였을 때 그 효과가 가장 확실한 것으로 보인다.

혈류 동역학은 필자의 주된 연구 주제는 아니었다. 필자의 석사 연구 주제인 세호 노폐물 처리 신호 경로에 대한 연구와 혈류 동역학은 마라톤과 핸드볼만큼 거리가 멀다. 비록 같은 생물학 연구라 하더라도, 마치 마라톤과 핸드볼이 모두 '스포츠'라고 할 수 있지만 다른 것만큼. 그럼에도 불구하고 필자가 이 연구에 참여할 수 있었던 것은 혈류 동역학 연구에 필요한 수학적 내용 및 그것을 프로그램으로 구현할 수 있었기 때문이다. 혈류 동역학 연구에서 필수적이었던 것은 미분방정식에 대한 해답을 수치해석학적으로 구해야 하는 것이었는데, 이 문제는 필자의 석사 연구에 사용했던 기법이다. 비록 그 관계는 마라톤과 핸드볼만큼 거리가 있는 주제였음에도 불구하고 동일한 수학적 기법이 사용되었기에 어렵지 않게 적용할 수 있었다. 이처럼 비록 분야는 달라져도 유사한 수학적 기법 혹은 원리가 내재되어 있기 때문에 유사한 수학적 분석을 적용하는 경우가 많이 있다. 더구나 수학의 여러 개념들은 서로 관계를 갖고 있는 것이 많고, 실생활에서 부딪히는 문제 자체를 수학적으로 추상화를 시키면 유사한 수학적 개념으로 환원되는 경우가 많기 때문에 한 번 잘 익혀 둔 수학적 기법들은 그 응용 범위가 생각보다 넓은 경우가 많다. 필자의 경험상 주로 생물학과 의학에 국한하여 이야기하였으나 이것은 비단 이 분야에만 국한되는 것이 아니라 전자/통신/마케팅/경제 등 수학적 분석이 사용되는 모든 곳에서 통용되는 것이다. 신약 개발을 위한 데이터 분석에 사용된 수학적 기법이 장년층 소비 패턴 분석에도 사용될 수 있는 것이다. 이렇게 여러 곳에 응용할 수 있는 기술을 갖고 있는 사람은 그만큼 선택의 폭이 넓어지는 것이다. 다음 글에서는 이처럼 겉보기엔 달라 보이지만 유사한 수학적 원리가 사용된 상황을 살펴본다.

관찰되지 않은 종의 개수를 추정하는 방법
(Unseen species approximation)

언뜻 보기에는 자신이 해결해야 하는 문제와 별로 상관 없어 보이는 수학 문제인 것이 있다. 그러나 조금만 더 들어 가 보면 같은 수학적 원리를 갖는 문제이며, 따라서 그것을 알아 차릴 수 있다면 뜻하지 않은 곳에서 해결책을 찾을 수도 있다. 그러한 것 중 비교적 이해하기 쉬운 것을 살펴 보고자 한다. 필자가 해결하고자 했던 것은 유전자 중 아직 발견되지 않은 변이가 가장 많은 유전자가 무엇인지 찾기 위한 것이었고 이 문제를 아직 발견되지 않은 종(species)의 수를 추정하는 논문을 읽고 해결할 수 있었으며, 필자의 회사 대표는 이 내용을 듣고 아직 찾아지지 않은 유전 변이를 모두 발견하기 위해서는 몇 명의 환자를 더 검사해야 하는지를 추정하는 문제에 이 방법을 사용하였다.

쉬운 것에서부터 시작하자. "지리산에 토끼가 몇 마리 있을까?" 이 질문은 보다 다양하게, 전세계 바다에 있는 물의 양은 얼마나 될까, 소양강호의 물은 얼마나 될까, 등등이 가능하다. 토끼의 경우 한 개체가 따로 떼어져서 셀 수 있는 이산(discrete)인 경우와 바닷물처럼 연속적인 경우에 유사한 원리가 이용되고, 우리는 일상에서 연속적인 경우에 대해서는 쉽게 이해를 할 수 있다. 그 원리를 살펴 보고, 토끼 문제도 살펴 보고, 보다 확장된 것에 대해 최근에 발표된 것도 살펴 보자. 또한, 초기하 분포(hypergeometric distribution)와 우도(likelihood)를 살펴 볼 것이다.

부피를 알 수 없는 물통의 부피를 알아 내기 위하여 소금 1g과, 물 1ml의 농도를 정밀하게 잴 수 있는 기구가 주어 졌다고 해보자. 어떻게 해야 할까? 부피 X(liter)의 물에 1g의 소금을 넣은 후 잘 녹여서 소금물 1ml를 떠서 소금물의 농도를 재면 X를 쉽게 찾을 수 있다. 소양강호의 물의 양도 유사하게 잴 수 있다. 환경에 무해한 물질 1L를 소양강호에 부은 후 소양강호 전체에 그 물질이 고르게 섞였다고 할 수 있을 만큼 시간이 적절히 흐른 후 물 1L를 떠서 그 물질의 농도를 재면 된다.

이번에는 지리산에 토끼가 몇 마리 있는지 알아 내는 방법을 살펴 보자. 소양강호의 물의 양을 알아 내는 것과 유사하다. 지리산에서 무작위로 토끼 100마리를 잡는다. 그 토끼들에게 무해한 표식을 한 후 토끼를 다시 풀어 놓는다. 표식을 한 토끼 100마리가 지리산에 충분히 퍼져 있을 것으로 예상할 수 있을 만큼 시간이 흐른 후 다시 지리산에서 토끼 50마리를 잡는다. 그 중에 전에 표식을 해 둔 토끼가 몇 마리인지를 확인한다. 50마리 중 표식이 되어 있는 토끼가 10마리였다고 해보자. 지리산 전체에 토끼가 N 마리 있을 때 위와 같은 상황에 대한 사건의 확률은 다음과 같이 계산된다.

$$P(X = 10) = \frac{\binom{100}{10}\binom{N-100}{40}}{\binom{N}{50}}$$

즉, 전체 토끼 N마리에서 우리는 지금 50마리를 잡았는데(이것이 분모), 그 중 10마리는 전에 표식을 해 둔 100마리 중에 잡힌 것이고($\binom{100}{10}$ 부분) 나머지 40마리는 표식을 해 두지 않은 N-100마리 중에 잡힌 것이다. 이것을 소양강호의 물의 양을 알아 내는 것에 대응시켜 보자. 마치 소양강호의 물의 양을 알아낼 때 사용했던 방법처럼, 표식을 해둔 토끼가 소금이 되고, 이 토끼들을 지리산 전체에 풀어 놓아 잘 퍼지도록 하는 것은 소금이 소양강호에 잘 녹도록 한 것과 같으며, 소양강호의 물 한컵을 뜨는 것은 다시 지리산 곳곳에서 토끼 50마리를 잡는 것과 같고, 한 컵의 물에 있는 소금의 농도를 재는 것은 새로 잡은 50마리 중 표식이 있는 토끼의 마리 수를 세는 것과 같다.

직관적으로 생각해 보면, N이 101마리일 수 있을까? 만약 그랬다면 다시 잡은 50마리 중 10마리가 아니라 대부분에 표식이 되어 있어야 할 것이다. N이 200마리일 수 있을까? 그렇다면 다시 잡은 50마리 중 절반 정도인 25마리에 표식이 있었을 것이다. 이런 식으로 계산해 보면, 무작위로 잡는다고 할 때 표식된 전체 토끼의 20%(10/50)가 잡혔으니, 그 전에 우리가 무작위로 잡은 100마리의 토끼 역시 전체의 20%일 수 있을 테고, 그러면 대략 500마리 정도로 추정된다. 이러한 추정법이 카이 제곱(chi-square) 추정법이다. 토끼처럼 개별 개체를 셀 수 있거나 숫자가 많지 않은 경우에 적용할 수 있으며, 카이 검정보다 더 정확한 검정이 존재하고, 그것이 초기하 분포[04]이다.

위 상황을 좀 다르게 보자면, 지리산 전체에 토끼가 200마리가 있었다고 해보자. 그 중 100마리를 잡아 표식을 해 둔 후 풀어 주고 한참 시간이

---

04 초기하 분포는 표본을 추출한 모집단의 크기를 미리 알고 있는 상황에서 특정 개수의 표본을 추출하였을 때, 개수가 알려진 모집단의 일부 표본 집합 중 선별된 표본의 수에 대한 발생 확률에 대한 분포이다. 예를 들면 전체 100개의 공 중 50개가 빨간색 공인 상황에서 30개의 공을 무작위로 뽑았을 때 빨간색 공이 20개가 있을 확률에 대한 것이 있다.

흐른 후 50마리를 잡았는데 그 중 10마리만이 표식이 되어 있었을 확률은? 무작위로 한다면 다시 잡은 50마리의 절반, 즉 25마리에 표식이 되어 있었을 텐데 10마리만이 표식이 되어 있으니 이러한 확률은 매우 낮을 것이다 (5.24×10^{-7}). 즉, N이 200인 경우 현재 우리가 관찰한 것은 일어나기 매우 힘든 일이다. 마찬가지로 N이 300일 경우에도 확률을 구해보면 0.0114로 200일 경우보단 좀 올라갔지만 여전히 낮아 보인다. 이처럼 N에 따른 현재 상황의 발생 확률을 그림으로 그려 보면 다음과 같다.

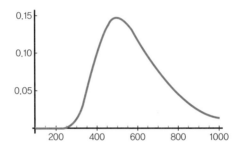

즉, N=500(정확한 값 계산 필요)일 경우 현재 관측한 일이 일어날 수 있는 확률이 가장 크다. 다시 말해, 지리산 전체에 200마리의 토끼가 있을 경우 100마리에 표식을 한 뒤 풀어 주고 다시 50마리를 잡았을 때 10마리가 표식이 되어 있을 확률은 현실적으로 발생하기 매우 힘들다. 대신 500 마리가 있을 때는 그러한 일이 일어나기 수월하다. 우리는 현재 우리에게 발생한 일이 '통계적으로 발생하기 매우 힘들지만 어쨌든 그것이 발생한 것이다'라고 생각하기보다는 '우리에게 일어난 일은 통계적으로 충분히 그럴 만한 일이다'란 가정 하에 살아 가고 있다. 위의 경우도 물론 지리산 전체에 토끼가

200마리였어도 위와 같은 일이 일어날 수는 있지만 그렇다기보단 그냥 전체 토끼가 5NN마리였다고 생각하는 것과 같다. 이처럼 관측된 현상이 통계적으로 일어나기 가장 수월한 일이었다는 것을 이용하는 것이 바로 최대우도(maximum likelihood)인 것이다. 즉, 통계 서적에 나오는 이러한 개념들은 어디까지나 우리가 일반적으로 사용하는 것을 조금 더 엄밀하게 정의 및 이용하는 것일 뿐이다.

위와 같은 문제와 더불어, 다음과 같은 고전적인 문제가 있다. 생물학자가 한 섬에서 2년동안 새로운 종의 생물들을 수집하였다. 다음처럼 각 횟수별로 채집된 생물 표본의 수가 있다고 했을 때, 다음 2년동안 계속 생물 채집을 한다면 몇 마리의 신규 종을 관찰할 수 있을까?

In the early 1940s, naturalist Corbet had spent 2 y trapping butterflies in Malaya. At the end of that time, he constructed a table (see below) to show how many times he had trapped various butterfly species. For example, 118 species were so rare that Corbet had trapped only one specimen of each, 74 species had been trapped twice each, etc.

Frequency	1	2	3	4	5	...	14	15
Species	118	74	44	24	29	...	12	6

Corbet returned to England with his table, and asked R. A. Fisher, the greatest of all statisticians, how many new species he would see if he returned to Malaya for another 2 y of trapping. This question seems impossible to answer, because it refers to a column of Corbet's table that doesn't exist, the "0" column. Fisher provided an interesting answer that was later improved on [by Good and Toulmin (17)]. The number of new species you can expect to see in 2 y of additional trapping is

$$118 - 74 + 44 - 24 + \cdots - 12 + 6 = 75.$$

[출처: PNAS, 2016 113(47), 13283–13288]

이 고전적인 문제는 "한 번 관찰된 생물의 수 − 두 번 관찰된 생물의 수 + 세 번 관찰된 생물의 수 − 네 번 관찰된 생물의 수 + ⋯ "와 같이 다소 간단해 보이는 식으로 해결이 가능하다고 한다. 그런데 추정해야 하는 것이 이미 관측된 기간인 2년과 같은 '다음 2년'이 아닐 경우 위 식은 사용하기 곤란해진다고 한다. 그래서 3년 전 이것에 대한 개선점이 2016년에 논문으로 발표되었다. 즉, 2년간의 생물채집 결과를 이용하여 다음 10년간 채집할 경우 신규 종이 얼마나 채집될 것인가와 같이 관측된 기간보다 더 긴 기간에 대한 추정이 안정적으로 되는 방법이다. 이 논문은 제목이 "Optimal prediction of the number of unseen species"이며 누구나 읽을 수 있는 무료 논문이니 관심 있는 독자는 읽어 보길 권장한다.

현재 필자가 다니는 회사는 상세불명 희귀질환 환자, 즉, 증상을 보고 의사가 어느 병인지 알 수 없는 환자들에 대하여 환자의 유전 검사를 통하여 환자에서 발견된 유전 변이 정보와 환자의 증상을 토대로 환자가 어느 질병일 가능성이 높은지에 대한 도움을 의사에게 제공하는 서비스를 하는 회사이다. 인간의 유전자를 이루는 DNA는 총 30억 개 정도이다. 즉, 영어 책 한 권이 알파벳 30억 개로 되어 있으며 알파벳에는 총 26개의 글자가 있는 것처럼 사람의 유전체도 염기 30억 개로 되어 있으며 총 4개의 염기 종류가 있는 것이다. 그 중 상당수에서 변이가 생기고(즉, banana이어야 하는데 bananb처럼), 그 변이 중 어떤 변이는 치명적인 문제를 일으킨다. 변이가 생길 수 있는 염기의 수가 워낙 숫자가 많기 때문에 회사에서 환자 몇 명을 검사했을 때 인간에게서 나올 수 있는 모든 변이를 관찰할 수 있을지 알기 어렵다. 즉, 아직 몇 개의 새로운 유전 변이가 더 관측될지 알 수 없는 것이다.

필자는 위 논문을 보았을 때 바로 이 문제에 적용할 수 있을 것으로 생각했다. 아직 어느 유전자가 유전 변이가 많이 발견될 여지가 높은지 알고 싶은 상황에서 위 논문을 만나게 되었던 것이다. 겉으로 보았을 때는 전혀 상관없는 문제이지만 수학적으로 표현하면 동일해지는 문제였다. 이와 같은 수학적 유사성을 알아 차릴 수 없다면 필자와 같은 류의 문제를 겪고 있을 때 저 논문을 보면서도 그 필요성을 알기 어렵고, 그러면서도 여전히 "수학 그거 쓸 데도 없다"라고 할 것이다. 원래 수학적인 것들은 매우 추상화되어 있기 때문에 이처럼 그 수학적 유사성 관점에서 바라보지 않는다면 현실에서 그 직접적 적용을 찾기는 거의 불가능하다.

여담으로 전산과에서 알고리즘 분야의 박사 과정이던 필자의 룸메이트는 여느 박사 과정과 마찬가지로 좋은 문제를 찾는 것이 매우 중요했으며, 그래서 필자를 만나면 항상 "점과 선으로만 되어 있는 문제"를 달라고 했었다. 점과 선으로만 되어 있는 문제라니, 영 비현실적일 것 같지만 그 문제들은 현실에선 온갖 종류의 네트워크/교통량 분배 등과 같은 매우 중요한 문제들이었다. 어쨌든, 그래서 저 논문을 읽고 논문에서 언급된 방법을 C++로 구현하였다. 그 방법을 이용하여 현재 1,000명의 환자들을 검사하여 나온 신규 유전 변이의 수를 토대로 앞으로 새로 검사하는 환자 수에 따라 발견될 신규 유전 변이의 수를 추정할 수 있었다. 물론 인종 간의 차이 등 현실적으로는 계산된 값과 차이가 있겠으나 적절히 추정된 값이 존재한다는 것은 일을 해 나가는 데 있어 여러 모로 도움이 된다. 아예 없는 것보다는.

마무리하며

지금까지 필자의 연구 분야에서 수학이 필요했던 것들을 살펴 보았다. 필자의 연구는 생물학 또는 의약학에 관한 대량 데이터 분석 또는 필요에 따라 영상 처리, 유전학까지 포함하는 것으로, 흔히 말하듯 수학의 대척점에 있는 분야이다. 그럼에도 불구하고 분석해야 할 데이터가 대량이기 때문에 결국에는 통계 또는 수학적인 기법들이 사용될 수밖에 없다. 그리고, 이렇게 대량 데이터를 분석하여 만들어진 결과가 다시 실험을 이끄는 구조이다. 즉, 다시 말해, 수학과 가장 멀어 보이는 생물학/의학에서 조차도 수학이 그 힘을 여실히 발휘하고 있는 것이다. 생물학과를 입학한 후 이공계 계열 신입생이 필수로 들어야 하는 공통 전공 필수 과목 "미적분학", 과 동기는 "수학 싫어서 생물학과 왔는데 과목 이름이 미적분학이야." 하며 괴로워 했을 만큼 두 분야가 멀어 보임에도 불구하고 수학은 이제 생물학 분야까지 그 힘을 발휘하고 있는 것이다. 하물며 생물학과도 이러한데 다른 분야는 말할 것도 없을 것이다. 특히 요즘 그 필요성이 더더욱 커진 것은 데이터의 대량 생산이 이루어지고 있기 때문이다. 쏟아지는 대량 데이터는 분석하기 전까지는 그냥 데이터에 불과하다. 누가 그 데이터로부터 의미있는 정보를 추출하여 새로운 일을 할 것인가는 그 데이터를 얼마나 다양하게 분석할 수 있는가에 달려 있다. 예를 들면, 국토 면적이 한국의 50배가 넘는 미국에서 소비자가 주문한 제품이 어떻게 하루만에 배달될 수 있을까. 이것은, 소비자가 인터넷 상점에서 구매한 구매 목록을 기반으로 그 소비자가 그 다음 구매할 가능성이 제일 높은 품목을 소비자가 주문하기 이전에 주소지 근처의 물류 센터로 이동시켜 놓음으로써 가능하다. 이때, 얼마나 많은 양의 물품을 그렇기 '미리' 옮겨 놓아야 하는가, 역시 수학적으로 추정하여 정할 것이다. 물류 수송 역시 비용이고 그것을 최소화하기 위하여 그렇게 미리 옮겨 놓아야 하는 양을 적절히 정해야 하는데, 그 때 역시 수학적 분석이 필요하다. 소비자가 구매한 품목이 몇백 만 건이 있어도 위와 같은 분석을 할 생각을 하거나, 실제로 그렇게 분석을 수행할 수 있을 때 우리는 다양한 일을 할 수 있다. 그러한 것은 결코 수학적 사고력과 수학적 지식이 없이는 불가능한 것이다. 이렇듯 그 분야를 막론하고 수학적 지식과 사고력이 풍부할 때 할 수 있는 일이 많아진다. 물론, 수학을 하면 좋을 것 같긴 하지만 길고 지루한 수학 공부 기간을 거친 후 자신이 하고 있는 분야에서 수학적으로 해결할 수 있는 것을 찾아 내어 해결하려는 것은 현실적으로 결코 쉬운 일이 아닐 것이다. 이럴 때는 우선 현재 자신이 해결했으면 하는 문제를 간단하게라도 정리하여 주변에서 수학을 잘 하는 사람과 논의하면서 수학을 익혀 나가는 것도 한 방법이다. 비록 뭔가 감은 있지만 문제가 무엇인지 명확하지 않고 해결법도 막막한 것일지라도 수학에 익숙한 사람과 이야기 하다 보면 정리가 잘 될 수 있다. 예를 들면, 전국의 도시 데이터를 정리하는데, 비슷한 도시끼리 묶고 싶은 사람이 있다고 해보자. 그는, "서울, 대전, 강릉은 비슷해서 묶여야 하고, 부여, 진주, 통영, 사천이 묶여야 해."라고 하면 "왜 그 도시들이 서로 묶여야 해? 면적이나 뭐 그런 것으로 비교한 거야?", "아니, 그게, 면적이랑

인구, 기업 수 등을 종합적으로 고려하는 것인데, 나도 명확한 기준은 잘 모르겠네, 그런데, 여하튼 이렇게 묶여야 하고, 다른 도시들도 이런 식으로 묶어야 하는데 어떻게 묶어야 할지 모르겠어."라고 하는 상황을 생각해 보자. 도시들의 자료를 근거로 도시들을 유사한 도시로 묶어야 한다는 것 말고는 명확한 것이 없어 보이지만 이럴 때도 수학적으로는 여러 가지를 시도해 볼 수 있다. 즉, 각 도시의 여러 특성값에 기반하여 도시의 유사도를 표현하기 위한 수치를 만들고, 그 중 이미 유사하다고 나와야 하는 도시들(서울, 대전, 강릉)이 그 값이 크게 나오는지를 확인하는 방식으로 문제를 해결해 나갈 수 있는 것이다. 이렇듯, 자신이 일하고 있는 것 중에 수학적으로 해결할 수 있는 문제를 찾아 보려는 시도를 함과 동시에 여러 가지 방식으로 자신에게 맞는 수학적 공부를 병행한다면 보다 많은 기회가 주어질 것이다.

Sir 07

프로그래머가 수학 공부를 어떻게 할 것인가

"지금은 세계 여러 곳의 공개 강의를 인터넷으로 볼 수 있기 때문에
기초 과목들은 충분히 기본적인 개념 정도는 인터넷으로도 배울 수 있다.
항상 그렇듯 단지 의지가 부족할 뿐이다."

프로그래밍은 매우 경험적인 분야이다. 종종 C++ 책 다 보았는데 그 다음은 무엇을 보아야 하냐고 묻는 경우가 있는데, 이것은 마치 한글을 다 배웠는데 좋은 소설을 쓰기 위해선 이제 무엇을 보아야 하냐고 묻는 것과 같다. 공부는 그만하면 됐으니 습작을 써 보아야 실력이 느는 것처럼 프로그래밍도 실제로 코드를 작성해 보아야 실력이 늘 것이다. 수학적인 내용들 역시 비슷하다. 단순히 책을 보고 이해하고, 연습 문제를 풀어 보는 것도 중요하지만 거기서 멈춘다면 가장 중요한 단계, 즉 그것을 이용하는 것을 하지 않는 것이다. 이러한 경우 누군가가 수학적 내용으로 무엇을 하면, "아, 나도 그거 알아." 라고 말하지만 결코 그것을 스스로 해 볼 생각은 못 하는 것이다. 마치 도토리로 묵을 만들 수 있는 사람이 누군가가 도토리 대신 고구마로 묵을 만드는 것을 보고 "아, 나도 고구마로 묵을 만들 수 있어."라고 하는 것과 같다. 참고로 필자의 어머니는 어느 날 고구마로 묵을 만드신 후 "왠지 고구마로도 묵을 만들 수 있을 것 같아 만들어 보았다."라고 하셨다. 보고 이해하고 따라하기만 하는 것은 100번 해봐야 계속 따라하는 것에 불과하다. 스스로 무엇인가를 해봐야 실력이 늘 수 있기 때문에 아무리 사소한 수학적 내용이라도 직접 구현해 보는 것이 중요하다. 다시 말해, 직접 코드를 작성해 보는 것, 만약 이것이 없다면 다음의 내용들을 아무리 해도 결국 스스로 할 수 있는 것은 없고 남이 한 것을 보고 따라는 할 수 있는 정도밖에 안 된다는 것을 염두에 두어야 한다.

개인적으로 도움이 되었던 것들을 꼽아 보자면 다음과 같다.

선형 대수
대수학
통계, 통계, 통계
수치해석학

물론 많은 내용을 라이브러리에서 제공해 주며, 추후 회사에서 무엇인가를 할 때는 그 라이브러리에 있는 함수를 사용해야 할 가능성이 매우 높다. 그러나 그것을 직접 구현해 본 경험이 있다면 그 응용 가능성은 매우 넓어진다.

선형대수

선형 대수는 이과대/공대 학생들이 1학년 때 공통 필수로 배우는 미적분학에 있는 선형대수가 전부가 아니다. 선형 대수를 말하면 흔히 '행렬식' 구하는 거 아니냐, 역행렬, 고유값, 고유벡터 구하는 거 아니냐, 생각할 수 있다. 물론 그러한 것들 역시 매우 중요하다. 그러나 그에 더해 '공간'에 대한 수학적 개념을 배울 수 있고, 선형대수에서부터 여러 개념들이 파생되어 나올 수 있다. 특히 '차원'의 개념을 숫자를 이용하여 파악할 수 있게 된다. 수학에서는 서로 연계되어 발전되는 개념들이 상당히 많이 있음에도 불구하고 종종 개별적으로 파악하는 경우가 있다. 선형대수에 나오는 행렬식의 경우 단순히 문제를 풀기 위한 기술에 집중한 나머지 연습문제는 잘 풀 수 있지만 차원, 직교성 등의 개념을 외우고 마는 경우가 있다. 그것은 학교에서 '문제 풀이'에 집중한 교육이 우리를 그렇게 길들인 것이며, 이제는 실제로 수학을 이용해야 하는 입장에서는 그렇게 문제 풀이를 잘 하는 것은 별로 중요하지 않다. 중요한 것은 숫자로 되어 있기 때문에 비교적 쉽게 그 내용을 이해할 수 있는 선형대수에서 나중에 보다 추상적 개념으로 파생되는 것들에 익숙해지고, 그 의미를 잘 알고 넘어 가는 것이다. 예를 들면, '차원'의 개념이다. 기저(base)라는 것의 갯수가 차원이 되고, 기저는 서로 직교하는 성질을 갖는 것. 쉽게 말해, (0, 1)과 (1,0)의 두 벡터는 서로 직교하고, 따라서 이 두 벡터의 선형 결합은 2차원이 된다. 2차원의 모든 값은 이 두 기저의 선형 결합으로 표현 가능하다. 물론 기저가 (0, 1)과 (1, 0)

일 필요는 없고, 직교하는 것은 무엇이든 가능하다. 1은 단위의 가장 기본 요소이기 때문에 대표적인 기저를 표현하기 편리해서 자주 사용될 뿐이다. 그냥 1이 사용된 것이 아니라. 즉, 곱셈이라는 연산과 실수로 구성된 수학적 구조체에서 곱셈에 대한 연산의 항등원이 1이기 때문에 사용된 것이다. 보다 확장되어 (0, 0, 1), (0, 1, 0), (1, 0, 0)의 벡터는 모든 두 쌍이 서로 직교하기 때문에 이 세 벡터는 3차원 공간의 기저가 되고, 3차원 공간의 모든 값은 이 세 벡터의 선형 결합으로 표현 가능하다. 이것은 계속 확장되어 (0, …, 1), (0, …, 1, 0), … (1, 0, …0) 의 n 개의 벡터는 그 어떤 두 쌍을 선택하더라도 모두 직교하고 이로써 n 차원의 모든 값은 이 벡터들의 선형 결합으로 표현됨을 알 수 있다. (0, 1)과 (1, 0)으로 구성된 2차원 공간 상에서 두 개의 벡터 a= (a1, a2) 과 b=(b1, b2)는 '각도'를 가지며 이것은 다음과 같은 벡터의 내적 공식으로 표현 가능하다.

$$\theta \;=\; \cos^{-1} \frac{a \cdot b}{\|a\|\|b\|}$$

위는 우리가 고등학교 때 배운 개념이다. 위 개념이 n 차원으로 확장되어 n 차원 공간 상에서의 두 벡터의 '각도'가 정의될 수 있다. 예를 들면, 5차원의 두 벡터 (a1, .a2, a3, a4, a5)과 (b1, b2, b3, b4, b5)가 이루는 각도는 위의 식을 그대로 적용하여 정의된다.

만약 두 벡터의 크기가 다르더라도 방향이 같으면 둘을 같은 것으로 간주할 수 있다면, n 차원 공간 상에서의 두 벡터의 '유사성'은 위의 '각도' 개념을 이용하여 적용할 수 있다. 즉, 두 벡터가 같다는 것을 두 벡터가 이루는 '각도'가 작다는 것으로 간주한다면 그것이 우리가 자주 쓰는 코사인 유사도(cosine similarity)가 되는 것이다. (0, 1)과 (1, 0)으로 이루어진 단순한 2차원 공간에서부터 코사인 유사도까지 개념이 자연스럽게 연결된 것처럼, 어느 한 개념이 다른 개념으로부터 파생되어 나오는 것이 많으므로 그러한 것을 유념하며 공부를 하면, 어쩌면 놀랍게도, 수학이 재미있기까지 할 수 있다. 참고로 기저가 되는 것은 서로 직교하기만 하면 되기 때문에 $\sin(t)$ 와 $\cos(t)$는 서로 직교하므로 이 둘만으로 공간이 가능하며, 다시 말해 '모든 주기 함수는 sin과 cos의 선형결합으로 표현 가능하다', 라는 결론이 나온다. 이것은 추후 푸리에 변환에서 유용하게 사용된다. 실제로 푸리에는 sine과 cosine으로 처음에 푸리에 변환을 정의하였다고 한다.

선형 대수는 위와 같이 여러 다양한 수학적 개념을 익힐 수 있음과 더불어 데이터 분석에 사용되는 여러 방법론에 사용되는 기법과 연관이 있기 때문에 실용적으로도 중요하다. 변수가 두 개인 데이터들을 x축/y축으로 된 2차원 공간 상에 분산형 그래프로 그려 놓은 후, 추세선을 그릴 때 사용되는 선형회귀. 선형회귀는 어느 하나의 변수를 다른 변수의 선형 변환(크기를 변화시키고 일정값을 더하거나 빼서)으로 표현하는 것이며, 이러한 선형 변환 중 실제 데이터를 가장 잘 표현하는 선형 변환식을 찾아 내는 것이다. 마찬가지로, n개의 변수가 있다고 하면, n−1개의 변수의 선형결합으로 나머지 1개의 변수를 표현하는 식을 구하는 것 역시 선형회귀이며, 선형 대수에 나오는 의사역행렬(pseudo-inverse)을 이용하여 구현 가능하다. 물론, 이때 그 '나머지 1개의 변수'는 실제로 관측하기 힘든 값이고, 나머지 n−1개는 관측하기 쉬운 특성값인 경우가 많을 것이다. 그래야 이러한 작업이 의미가 있으니 말이다. 바로 이 방법을 조금 응용하면 1차원 직선을 이용하여 데이터에 회귀시키는 것이 아니라 2차 다항식인 곡선, 3차, 4차 및 그 이상의 고차 다항식을 이용하여 데이터에 회귀시킬 수 있다. 이에 국한되지 않고 선형대수에 나오는 행렬식은 특성값이 여러 개인 데이터를 분석하기 위해 행렬식으로 데이터를 표현하고 문제를 해결하는 경우가 많기 때문에 익숙해질 필요도 있고, PCA, NMF, SVD 등 다양한 방법론들이 선형대수의 내용을 필요로 하므로 데이터 분석에 관심이 있다면 꼭 선형대수를 공부하기 바란다.

대수학

대수학 혹은 추상 대수학(abstract algebra)은 수학적 구조에 대해 배운다. '수학적 구조'라는 개념 자체가 고등학교 수학 혹은 이공계 대학 신입생 때 배우는 '공업수학'에 없다 보니 대수학이 무엇이고, 왜 필요한지는 그것이 무엇인가를 설명하기보다는 어떠한 개념이 확장되는가로 설명하는 것이 나을 것이다. 그에 앞서, 기호와 정의를 이용하여 기술하는 것이 상당 부분을 차지하는 수학에서 대수학을 하다 보면 그러한 수학적 표기법을 읽고 사용하는 것에 익숙해질 수 있다는 것 역시 대수학을 했을 때 얻을 수 있는 부수적인 것임을 언급하며 대수학 자체의 장점을 알아보도록 하자.

프로그래머 입장에서 대수학은 '연산' 혹은 '연산자'라는 것에 대한 일반화된 개념을 익히는 것에 도움이 된다. 더하기라는 연산자는 두 개의 숫자를 이용하는 연산자이다. 마찬가지로 빼기, 곱하기 등도 '숫자'에 관한 연산자이다. 이처럼 연산자는 연산 방식이 정의되어야 하고, 그 연산이 적용되는 개체(숫자)가 정의되어야 한다. '연산자 + 연산자가 정의되는 개체들'이 바로 수학적 구조이고, 대수학은 여러 수학적 구조에 대해 다룬다. 이때, 이러한 수학적 구조는 연산자가 정의된 개체에 연산자를 적용했을 때 나오는 결과는 그 구조체 내에 있어야 한다는 조건이 있다. 예를 들면 {*, 0, 1}은 곱하기 연산이 적용 결과가 {0, 1} 만 나오기 때문에 하나의 수학적 구조가 된다. '실수 + 실수'를 했는데 복소수가 나오지는 않기 때문에 {*, 실수}로 된 것은 하나의 수학적 구조가 된다. 즉, 수학적으로 정의 가능한 수많은 연산 중 우리가 흔히 사용하는 사칙연산이 있는 것이며, 나아가 미분/적분 역시 연산자이다. 푸리에 변환도 연산자이다. 행렬식(determinant)도 행렬에 대해 정의된 연산자이다. 라플라스 변환도 함수에 대해 정의된 연산자이다. 즉, 연산자는 그 연산자가 적용될 개체가 잘 정의되고, 그 결과가 다시 그 개체에 속하면 되는 것이다. '연산자'라는 것이 숫자에만 적용되는 사칙연산만 있는 것이 아니라, 그 연산이 적용될 대상이 잘 정의되고 연산의 방법만 '잘 정의되면' 되는 것이다. 이때 '잘 정의된(well defined)'의 의미는 동일한 입력에 대해 동일한 결과가 나온다는 수학적 용어이고, 이것은 프로그래머에게도 그대로 적용된다. 연산이 '숫자'만을 대상으로 정해질 필요가 없다, 미분이나 적분이 함수에 대해 정의된 것과 같이. 프로그래머 입장에서 연산은, 따라서, 숫자가 아닌 객체에도 정의가 가능하게 된다. 등호($\langle$)도 연산자이다. 실수에 대해 정의된 $\langle$ 연산자를 그림 파일에 대해 정의해 주면 **sort** 알고리즘은 그 정의대로 가장 '작은' 이미지에서부터 작지 않은 순서대로 이미지를 나열해 준다. 두 숫자가 같음을 나타내는 = 혹은 == 역시 연산자이고, 따라서 사용하고자 하는 형(type)에 대해 등호 연산자를 잘 정의하면 탐색이 가능해진다. 이때, 만약 그 형에 대해서 $\langle$ 연산자가 정의되면 비로소 이진 탐색이 가능해진다. 왜냐 하면 이진 탐색은 $\langle$ 연산자가 정의되기만 하면 그 대상이 숫자이든 그림이든 문자열이든 혹은 사용자가 정의한 타입(class/struct)이든 동일한 방법으로 동작하기 때문이다. 이것으로부터 비로소 제네릭 프로그래밍(generic programming, 일반화 프로그래밍)이 나온다. '더하기' 연산과 '곱하기' 연산이 정의되면 내적을 구할 수 있다. 그것이 굳이

'숫자'에 대한 것일 필요가 없다. 이처럼 대수학에서 나오는 수학적 개념들은 제네릭 프로그래밍과 일맥 상통하며, 이것은 프로그래머 입장에서 함수의 인자로 함수 혹은 함수 객체 또는 그에 준하는 것을 받아들이는 함수를 작성하는 것과 같다. 이것은 객체 단위에서는 상속을 이용한 다형성과도 연결된다. 연산자를 이러한 일반화한(generic) 시각에서 바라볼 수 있다는 것의 장점은 구체적 문제로부터 출발하여 작성한 함수 또는 프로그램이 보다 일반화한 상황에 대응할 수 있는 구조를 갖추게 해주는 것이다. 필자가 현재 사용하고 있는 것을 예로 들면 다음과 같다. 필자는 연구실 동료와 함께 암 환자를 특정 조건으로 나열하여 분석하는 새로운 통계적 기법을 개발하였다. 그런데 이때 그 기법은 환자가 우선 어떠한 식으로든 나열되기만 하면 작동하는 방식이다. 따라서 우리는 환자를 나열하는 모듈을 전체 데이터 셋에 대해서 분석을 수행하고 결과 보고서를 출력하는 프로그램에서 분리시켰다. 이렇게 할 경우 환자를 어떠한 식으로 나열할 것인지 더 좋은 아이디어가 떠오를 때마다 환자를 나열하는 부분만 코딩한 후 컴파일하여 오브젝트 파일을 전체 프로그램에 넘긴다. 이로써 우리는 나열된 환자를 이용하여 수많은 데이터 셋에 대해 분석하여 결과를 정리하는 전체 프로그램과는 별도로 환자를 나열하는 새로운 방법만을 구현하여 그 성능을 확인하고 있다. 즉, 환자를 어떻게 나열할 것인가 하는 문제는 꽤나 많은 전처리 및 분석 단계, 분석 보고서 작성 등을 수행하는 전체 분석 프로그램에서 분리되어 별도로 관리되고 있다. 환자를 나열하는 것은 환자들 간의 순서를 결정하는 〈 연산자를 정의하는 문제임을 깨닫게 된 것이다. 처음에는 환자를 그

환자의 특징값들의 평균값을 이용한 나열법만을 생각했었다. 그러나 그것에서 벗어나 다양한 방식으로 환자를 나열할 수 있게 된 것이다. 이로써 보다 의미있는 결과들을 알아낼 수 있었다

대수학은 '연산'이라는 것의 개념을 확장시켜 주며, 이것은 프로그래머에게 제네릭(generic)이 무엇인지 자연스럽게 이해하게 해준다. 또한 구체적 문제로부터 시작된 개발이 보다 일반화한 상황에 대한 대응을 가능하게끔 문제를 바라볼 수 있게 됨에 따라 프로그램을 보다 효율적으로 작성할 수 있게 해준다. 그러나 현실적으로 1년 과정인 대수학 강의를 듣기는 쉽지 않다. 학부 수준의 기초적인 대수학은 가장 단순하게 정의된 수학적 구조에서 시작하여 점점 복잡해지는 수학적 구조에 대해 배우므로 군(group)과 환(ring)이 나오는 곳까지 인터넷의 강의를 듣고 과제를 하는 것을 추천한다. 자신이 전세계에 몇 없는 수학 천재가 아니라면 과제를 직접 해보는 것에서 수학적 이해 및 기호/정의에 대한 익숙함 및 능숙함이 생기는 것을 명심하여 인터넷 강의를 듣더라도 과제를 꼭 직접 해보기를 권한다. 많은 것이 그렇듯 보고 이해할 수 있는 것과 직접 할 수 있는 것은 다르다. 마치 음식을 먹고 맛이 있는지 없는지를 얘기할 수 있다고 해서 음식을 할 수 있는 것이 아니고, 소설을 읽고 이해를 못 하는 것은 아니라고 해서 그러한 소설을 쓸 수 있는 것이 아닌 것과 같다.

수치해석학

수치해석학은 수학적인 것을 실제로 어떻게 컴퓨터로 구현하는 것인가에 대한 기초 이론부터 실제로 구현하는 것까지 하는 것을 다루는 학문이다. 알고리즘의 효율성을 판단하는 방법 또는 알고리즘이 갖는 오차의 특성 등이 대표적인 기초 이론 중 하나이다. 아마도 이 글의 독자처럼 수학적인 것을 해보고자 하는 프로그래머들에게 가장 인상적이고 도움이 될 분야로 보인다. 구체적인 얘를 들어 보면 $f(x) = 0$에 대한 해를 구하는 방법, 적분하기, 미분방정식의 해를 구하는 방법 등등이다. 이 때 중요한 점은 해를 공식으로 표현할 수 없는 경우라 하더라도 수치해석학적으로는 해를 구할 수 있다는 것이다. 그렇기 때문에 수치해석학은 수학의 활용폭을 넓혀준다.

$ax^2+bx+c = 0$ 으로 되어 있을 때 x는 근의 공식에 따라 $x=\sim\sim$ 로 표현된다. 이처럼 방정식의 해를 $x=\sim\sim$ 으로 표현할 수 있는 경우는 극히 드문 경우이고, 실제로 맞딱뜨리는 많은 경우의 해는 이런 식으로 표현할 수 없다. 가장 대표적인 것이 $\log(x)+x+k=0$ 이다. 이런 경우에도 x의 해를 수치해석학적으로 구할 수 있다. 적분도 비슷하다. 중고등학교 때 배웠던 간단한 식들에 대한 적분은, 예를 들면, integral($x^2=0$, x)은 $1/3*x^3+C=0$ 처럼 적분된 식이 계산 가능하다. 그러나 실제로 이렇게 적분된 식이 공식으로 쓸 수 있게끔 나오는 경우 역시 매우 드문 경우이다. 예를 들면, 가장 흔하게 볼 수 있는 정규분포에 대한 적분은 계산이 안 된다. 바로 그렇기 때문

에 많은 책의 뒤에 정규분포에 대한 표가 있는 것이다. 만약 정규분포에 대한 적분이 간단한 공식 형태로 표현 가능했다면 그 공식만 있어도 계산 가능했기에 정규분포표가 필요 없었을 것이다. 이처럼 함수를 적분했을 때 다른 수학식으로 표현이 불가능한 경우에도 수치해석학적으로는 해를 구할 수 있다. 물론 이때 그 해란 정적분 형식처럼 적분된 함수 형태가 나오는 것은 아니고, 일정 구간에 대한 그 함수의 적분된 실제 값이 나온다. 그래서 비록 $\exp(-x^2)$ 이라는 정규분포에 대한 기본 형태의 함수를 적분하면 어떤 식이 나오는지 알 수 없지만 -1부터 1까지의 구간에 대한 $\exp(-x^2)$의 적분 값은 계산을 할 수 있다. 마찬가지로 식이 아무리 복잡해도 그 식 자체에 대한 계산이 가능하면 그것에 대한 적분값을 구할 수 있다. 미분방정식도 이와 유사하다. $f'(x) = g(x)$ 라 할 때 f를 찾는 것이 미분방정식일 때, f가 함수로 표현 불가능한 경우에도 어쨌든 f의 형태(그래프)를 수치해석학적으로 구해낼 수 있다. 그리고 많은 경우 미분방정식이나 적분방정식의 공식들이 다루는 것처럼 실제로 함수 형태로 구해낼 수 있는 함수보다는 수치해석학을 썼을 때에서야 비로소 해가 구해지는 경우가 더 많다.

그 이외에도 일반적으로 언어에서 기본적으로 제공해 주거나(삼각함수 등), 라이브러리 등이 제공해 주는 함수들에 대해서 그 원리를 이해할 수 있는 과목이 수치해석학이다. 물론 그러한 기본적인 함수들을 직접 구현해서 사용하는 경우는 거의 없지만 그 원리를 알게 되면 자신에게 필요하지만 기본적으로는 제공되지 않는 것을 '직접' 구현해서 사용할 수 있게 된다. 다른 누군가가 오픈 소스(open source)로 공개하기를 기다리지 않고도. 필자의 경우 변수가 다수인 다원1차연립미분방정식에 대한 해를 구해야 하는 경우가 있었다. 문제의 특성상 원래의 함수는 0보다 낮아질 수 없었고(분자의 농도), 따라서 이 부분을 미분방정식의 구현 부분에 직접 넣어서 구현하였다. 미분 방정식에 대한 해를 구해 주는 상용 또는 일반적인 다른 프로그램들도 해가 0보다 작지 않게 하는 간단한 제약 조건 정도는 넣을 수 있을지라도 보다 복잡한 제약 조건을 넣는 것은 쉽지 않을 것이다.[01] 그러나 미분방정식의 해를 구하는 것을 직접 구현하면 아무리 복잡한 제약 조건이라도 마음대로 넣을 수 있게 된다.

살펴 본 것은 매우 제한적인 부분이며, 수치해석학에 대한 내용을 더 살펴 보고자 한다면 일명 '빨간책'으로 불리는 ≪Numerical Recipes in C≫ 혹은 ≪Numerical Recipes in C++≫을 살펴 보자. 제목만 보아도 대략적으로 어떠한 것을 다루는지 알 수 있다. 또는 시중에 나와 있는, 대학에서 많이 쓰는 수치해석학 대학 교재도 좋은 선택이다. 다른 분야와 달리 코딩을 직접 해서 자신이 맞게 한 것인지 확인할 수 있기 때문에 수치해석학은 어느 정도 독학이 가능해 보인다. 당장 주어진 문제에 적용할 수 있는 것은 아닐지라도 근본적인 것을 채워 나가는 중이라는 것을 염두에 두고 차근 차근 배우고 직접 코딩하면서 익혀 나가다 보면 큰 도움이 될 것으로 본다.

---

01 대수학적 관점에서 보자면 제약 조건 역시 하나의 연산자일 뿐이므로 어느 제약 조건이든 풀이 과정에 그것을 적용 가능하게끔 미분방정식의 해를 구하는 함수를 작성할 수도 있긴 하나 많은 경우 이렇게 구현하면 매우 느려진다.

통계, 통계, 통계

결국은, 통계다. 단도직입적으로, 통계에서 벗어나 살 수 없다. 어느 원시 부족의 경우 수에 대한 개념이 하나, 둘, 그리고 많다, 라고 한다. 이 정도의 수 개념을 넘어 선다면 통계/확률에서 벗어날 수 없다. 단지 그것을 모르고 그것을 쓰는지도 모르면서도 그것이 적용된 것을 쓰느냐(날씨예보 같은 것), 잘은 모르지만 그래도 그런대로 쓰느냐(복권), 기본적인 내용 정도를 쓰느냐(평균이나 t-분석 정도), 어느 정도 알고는 있고 필요할 때 잘 찾아 쓰느냐(통계 프로그램이나 라이브러리들), 그것을 만들어 쓰느냐 혹은 필요한 통계적 수치나 기법을 만들어서 구현해 쓰느냐, 의 차이일 뿐이다. 복권은 그냥 하는 것인데 무슨 통계를 쓴다는 거야? 라고 생각할 수도 있다. 만약 복권 당첨 확률이 낮다는 것의 의미를 제대로 알지 못한다면 복권에 매우 많은 돈을 낭비할 것이다. 그것이 어떻게 계산되는 것인지는 잘 몰라도 '희박한 확률'이라는 개념을 어느 정도 알고 있기 때문에 약간의 돈만으로 '기분만' 내 보는 것이다. 나아가, 관련 대상을 전수 조사할 수 없는 대부분의 경우에는 결국 통계를 사용할 수밖에 없고, 시간적으로 일어 나지 않은 일 역시 통계를 사용할 수밖에 없다. '분석'이라는 용어가 들어 가고 숫자와 표, 그래프 자체가 결국은 전부 통계이며, 따라서 자신이 통계를 잘 다루지 못할 경우 그래프와 표가 나오는 대부분의 것에 대해 마치 고대 언어로 쓰인 문서를 보는 것처럼 될 것이다. 반대로 통계를 잘 다룰 경우 자신이 맞딱뜨린 문제에 적합한 통계적 방법론을 찾아 직접 그러한 분석을 수행할 수 있고, 그러한 문서를 만들고 결론을 내릴 수 있으며, 더욱 중요하게는 그 이후의 작업을 진행시켜 나갈 수 있게 된다. 통계 작업은 보통 추후 작업에 대한 판단 근거로 쓰이기 때문이다. 새로 나온 복권의 당첨 확률을 보고 얼마를 살지 결정하는 것과 같다.

통계는 그 자체로도 매우 중요한 분야이기에 수많은 자료가 있다. 통계를 공부하고자 한다면 기초 통계학부터 차근차근 공부해 나가는 수밖에 없어 보인다. 이때 중요한 것은 단순히 공식을 외우는 것이 중요한 것이 아니라 왜 그러한 공식이 나오는지 이해하고, 통계적 방법론들의 기본적인 흐름을 이해하는 것이다. 이차 방정식의 근의 공식을 외우는 것이 중요한 것이 아니라 A*B=0일 때 A 또는 B가 0일 수밖에 없다는 원리가 중요한 것임을 아는 것과 같다. 이 원리를 이용하기 위해 A*A=0 형태나 A*B=0 형태로 변경 후 방정식의 해를 구하는 것이므로. 마찬가지로 통계의 기본적인 흐름을 잘 안다면 확률 밀도 함수에 따라 그 공식이 조금씩 바뀌는 신뢰 구간에 대한 구체적 식을 외울 필요가 없는 것이다. 그리고, 현실에서는 검색 엔진으로 찾아지는, 이미 정해져 있는 것들은 외울 필요가 거의 없다.

프로그래밍 언어 혹은 여러 프로그래밍에 익숙한 경우 통계를 배울 때 큰 도움이 될 수 있다. 즉, 직접 코드를 작성하여 새롭게 배운 통계적 사실들을 확인해 보는 것이다. p-value의 의미라든가 중심극한 정리의 의미 같은 것들을 직접 코딩하여 그 결과를 보고 깨닫는 것은 단순히 글로 된 정리만을 암기하는 것보다 큰 도움이 된다.

마무리하며

이 장에서는 몇 가지 수학 분야에 대하여 무엇을 배우는 것인가를 특히 프로그래머의 입장에서 살펴 보았다. 지금은 세계 여러 곳의 공개 강의를 인터넷으로 볼 수 있기 때문에 기초 과목들은 충분히 기본적인 개념 정도는 인터넷으로도 배울 수 있다. 항상 그렇듯 단지 의지가 부족할 뿐이다. 또한 단순히 강의를 듣기만 한다면 결코 자기 것으로 익힐 수 없다. 과제를 꼭 하고, 스스로 다른 문제에까지 적용하는 노력을 들일 때에야 비로소 지식이 자신의 것이 된다. 강의를 듣고 이해하는 것은 남이 만들어 준 음식을 먹고 맛이 있는지 없는지를 말할 수 있는 것에 불과할 뿐이다. 요리를 만들 수 있기 위해서는 스스로 만들어 보아야 하듯, 지식도 자신의 것으로 만들기 위해서는 문제를 풀어 보아야 하는 것이다.

수학과 수업이나 관련 서적 및 참고 자료들은 대부분 수학관련자를 위하여 작성되어 있기 때문에 프로그래머에게 적합한 것을 찾기는 쉽지 않은 실정이다. 그래서 결국 프로그래머 스스로 수학을 배우며 자신이 어떻게 그것을 이용할 것인지를 찾아야 한다. 그런데, 수학은 극단적으로 추상화된 개념들을 대상으로 한 것이기 때문에 현실의 문제를 그렇게 수학적인 것으로 바꾸기 위해서는 이미 수학에 익숙해지는 기간이 필요하다. 바로 이 기간동안은 어렵기만 한 수학 공부가 도대체 어떻게 도움이 될 것인지 가늠이 되지 않고, 그래서 무의미한 것에 시간을 쏟는 것이 아닌가 하는 의구심이 반복적으로 들 수도 있다. 필자는 대부분의 선택에 있어 확고함을 갖는 성격인데, 수학을 배우기 위해 학부 9학기가 되던 해에 갑자기 의구심이 들기 시작했다. 생물학과인 내가 진로를 계속 생물학 쪽으로 갈 것인데 굳이 1년을 더 다니면서까지 수학을 배울 필요가 있을까? 필자 스스로도 의외였다. 내 선택에 대해 그런 의구심이 들 수 있다는 것에 대해서. 그 정도로 그 당시엔 수학이 필요한 것인지에 대해 필자 스스로도 확신할 수 없었지만 이미 한 선택이고 수학이 재미있었기 때문에 1년이란 시간을 수학을 공부하기 위해 더 사용했다. 지금에 와서 생각해 보면 아찔하다. 그때 수학 공부를 그만두었더라면 그간 필자가 갖게 된 수많은 기회를 가질 수 없었을지도 모른다는 것에 대해서. 독자들 역시 수학을 공부하는 시간동안 정말로 자신에게 필요한 것에 시간을 사용하는 것인가에 대해 의구심이 들지도 모른다. 하지만 1년 2년이 지나면서 자신이 공부하고 배우는 것을 자신이 개발하고 해결해야 하는 문제에 적용하려는 노력을 꾸준히 한다면 어느 순간부터 그 필요성을 몸으로 느낄 수 있을 것이다. 하다 못해 예전에는 참고 자료를 볼 때 으레 읽지 않고 넘기던 수학 공식들을 한 번 두 번 살펴 보면서 그 의미가 조금씩 이해가 될 때 비로소 왜 그토록 많은 사람들이 오랜 기간 프로그래머에게 수학이 필요한지 역설했는지를 느낄 수 있을 것이다. 만약 정말로 수학이 프로그래머에게 쓸모가 없었다면 이미 오래 전에 그렇게 결론이 났을 것이다. 무엇이든 결실을 맺기 위해서는 시간이 필요하다. 오늘 씨를 심고 그 씨가 잘 자라는지 내일 땅을 파 보는 농부는 없다. 마찬가지로 한두 달 잠깐씩 공부하고 결론을 내지 말고 꾸준히, 적어도 1년 이상은 수학 공부를 하면서 그 활용을 궁리하면 좋을 것이다. 어느 스님의 말씀으로 이 장을 끝맺도록 하겠다.

"(어떤 일을) 하고 있으면서 (그 일이) 안 된다고 하는 사람은 없어. 안 된다고 하는 사람들은 죄다 안 하고 있는 사람들이야."

에필로그

프로그래머에게 수학은 필요한가? 다른 많은 분야에서도 마찬가지이 듯 어느 분야든 그 분야에서 '꼭' 필요한 것을 고르기는 쉽지 않다. 대신 우리가 어떠한 것을 '배우고 익히는 것'은 추후 우리가 할 수 있는 '선택의 폭'을 넓혀 주는 역할을 하는 것이다. 수학, 몰라도 된다. 하지만 알고 익숙하게 다룰 수 있을 때 우리가 할 수 있는 일의 폭, 나아가 내가 선택할 수 있는 길의 폭이 넓어질 뿐이다.

현대 문명을 이루는 과학/기술/공학은 그 근간에 수학이 있음은 부정하기 힘들다. 공학의 3대장인 열역학, 유체역학, 동역학 책 아무거나 하나 펼쳐 보자. 전자과 교재 아무거나 하나 펼쳐 보자. 수식이 없는 것이 없다. '공학'이라는 이름이 붙는 대부분은 결국 수식으로 표현될 수밖에 없다. '생물학은 수학이 필요 없고 난 생물정보 할 것이니 수학 필요 없다?' 물론 순수 생물학 교과서에는 수학이 별로 없다. 유전학 정도 제외하면. 하지만 생물학이나 의학도 수학에서 자유로울 수 없다. 이제 생물/의학은 빅데이터의 시대에 기술적으로 인간이 일일이 처리하기 불가능할 정도로 데이터가 쏟아져 나오고 있으며 이것을 처리하기 위해선 결국 수학의 도움을 받을 수밖에 없다. 수학이 필요 없는 분야가 많은 것이 아니라, 수학을 모르기 때문에 수학이 사용되는지도 모른 채 다른 사람이 수학적으로 구현한 것을 사용하고 있는 것이다.

프로그래머가 수학을 하는 경우는 그렇지 않은 경우보다 장점이 많다. 수학적으로 익힌 것을 곧바로 실제로 구현하여 자신이 제대로 이해하고 있는 것인지를 확인해 볼 수 있기 때문이다. 다중선형회귀를 배웠지만 공식만 외우고 넘어 가는 경우와 그것을 직접 구현하여 확인한다면 그 내용을 더욱 잘 알 수 있다. 대수학과 같이 추상화에 도움을 주는 것을 공부한 경우 자신이 작성한 코드를 다시 보면 좀 더 높은 추상화를 해볼 수도 있을 것이다. 수치해석학을 공부하면서 아주 어려운 함수에 대한 적분을 계산해 볼 수도 있다. 즉, 자신이 배우고 익힌 것을 스스로 확인해 볼 수 있는 방법이 많으므로 이러한 점을 잘 활용한다면 생각보다 수월하게 수학에 익숙해질 수 있을 것이고, 수학에 대한 익숙함과 능숙함은 곧 우리에게 보다 넓은 선택의 폭을 제시해 줄 것이다.